암호화폐와 NFT
무엇이 문제일까?

암호화폐와 NFT, 무엇이 문제일까?

초판 2쇄 발행   2022년 11월 20일

글쓴이   김승주

편집   이용혁
디자인   성영신, 문지현

펴낸이   이경민
펴낸곳   ㈜동아엠앤비
출판등록   2014년 3월 28일(제25100-2014-000025호)
주소   (03737) 서울특별시 서대문구 충정로 35-17 인촌빌딩 1층
홈페이지   www.dongamnb.com
전화   (편집) 02-392-6903   (마케팅) 02-392-6900
팩스   02-392-6902
SNS   🅵 🅾 📖
전자우편   damnb0401@naver.com

ISBN   979-11-6363-568-0 (44300)
               979-11-87336-40-2 (세트)

10대가 꼭 읽어야 할
사회·과학교양 12

김승주 지음

암호화폐와 NFT 무엇이 문제일까?

가상자산은
신기술인가? 신기루인가?

동아엠앤비

작가의 말

대학원에서 암호학을 전공하였으나 개인적으로 암호화폐와 관련한 강의 요청에는 일절 응하지 않고 있었습니다. 왜냐하면 암호화폐를 바라보는 대중의 시선이 너무나도 극과 극이었기에 제가 어떤 내용의 강의를 하든지 간에 절반의 청중으로부터는 안 좋은 소리를 들을 것이 뻔했기 때문입니다. 그러던 와중에 2018년 1월 평소 잘 알고 지내던 교수님으로부터 조찬강연 요청을 받게 되었고, 차마 거절할 수 없어 강연을 수락하면서부터 참으로 많은 변화들이 제게 찾아왔습니다.

개인 블로그에 올렸던 '초등학생도 이해하는 블록체인(Kid Blockchain)'이란 글은 네이버 메인 페이지에 올라 6만 2천 명 이상이 조회했으며, 정보통신정책연구원(KISDI) 초청으로 했던 강연은 유튜브에 공개돼 22만 명 이상이 시청하기도 했습니다. 또한 차이나는 클라스(JTBC)〈블록체인, 신세계인가 신기루인가?〉, 이슈 픽 쌤과 함께(KBS1) 〈암호화폐 명과 암〉, 〈NFT, 신세계인가 신기루인가?〉, 미래수업(tvN) 〈당신의 미래를 훔친다! 언택트 범죄〉, 〈집사부일체〉(SBS) 등에 연이어 출연하는 호사를 누리기도 했으며 급기야는 동아엠앤비와 함께 이 책을 내게 되었습니다.

이 책은 그간 제가 한 강연들과 틈틈이 언론에 기고한 글들을 바탕으로 쓰였습니다. 이 책에서는 암호화폐를 맹목적으로 찬양하지도 않거니와 무턱대고 무가치하다거나 나쁜 것이라고 부정하지도 않습니다. 단지 암호화폐와 블록체인의 동작 원리가 무엇이고 어떻게 활용되고 있는지, 또 4차 산업혁명과 관련해 인공지능이나 메타버스 등과는 대체 무슨 관계가 있는 것인지를 중립적으로, 비전공자도 최대한 쉽고 편하게 이해할 수 있도록 서술하는 것을 목표로 하고 있습니다.

이를 위해 우선 1부에서는 비트코인의 탄생 배경과 함께 '전자화폐', '가상화폐', '암호화폐' 등 왜 여러 가지 이름으로 불리고 있는지 그 이유에 대해 살펴보려고 합니다. 이어 2부에서는 암호화폐 및 블록체인을 구성하는 이론적 토대인 암호학의 기본 개념에 대해 복잡한 수식을 최대한 배제한 체 알아봅니다.

3부에서는 전 세계에 존재하는 1만여 개의 코인들 중 사토시 나카모토가 만든 1세대 암호화폐 '비트코인'을 비롯해, 지금은 억만장자가 된 비탈릭 부테린이 고등학생 때 개발해 화제가 된 2세대 암호화폐 '이더리움', 가장 학술적이라고 평가받는 3세대 암호화폐 '카르다노', n번방의 조주빈이 사용해 화제가 된 다크 코인 '모네로', 테슬라의 CEO인 일론 머스크가 언급해 일약 유명해진 '도지코인' 등 주요 암호화폐들에 대해 하나하나 분석해 보는 시간을 갖습니다.

4부에서는 '블록체인 혁명'이라고까지 불리는 암호화폐와 블록체인의 다양한 응용 및 이에 따른 여러 문제점들, 그리고 컴퓨터 과학 분야의 노벨상으로 불리는 튜링상 수상자로도 유명한 실비오 미칼리 MIT 교수가 이러한 문제들을 어떻게 해결코자 노력하고 있는지에 대해 살펴봅니다.

끝으로 5부와 6부에서는 다가올 미래에 인공지능과 금융 분야에 있어 암호화폐와 블록체인이 어떠한 혁신적 변화를 이끌어낼 수 있는지, 또한 최근 화제가 되고 있는 대체불가능토큰(NFT)이란 무엇이며 메타버스와 어떠한 관련이 있다는 것인지, 이러한 미래가 현실이 될 수 있도록 하기 위해 우리는 무엇을 준비해야 하는지 알아봅니다.

최근 각국의 금리인상 소식에 주식이나 암호화폐 등이 너나 할 것 없이 조정 국면에 들어가고 있는 모양새입니다. 그러나 21세기 최고의 경제사학자 중 한 명으로 일컬어지는 니얼

퍼거슨 하버드대 교수는 암호화폐 시장에 겨울이 찾아왔지만 암호화폐 비관론자들이 말하는 것처럼 혹독하지는 않을 것이라고 반박하고 있습니다.

저 역시 1999년 닷컴 버블 때처럼 이런 식의 건전한 조정을 통해 거품이 사라지고 가치가 있는 우량 암호화폐만 살아남는 것이 오히려 시장 전반에는 호재로 작용할 것이라고 봅니다. 부디 이 책이 암호화폐를 공부하거나 좋은 암호화폐에 투자하고자 하시는 분들께 미약하나마 훌륭한 안내서가 되기를 희망해 봅니다.

차례

1부

암호화폐의 개요

사이퍼펑크와 비트코인

2008년 10월 31일 오후 2시 10분(미국 동부시간), '사이퍼펑크(Cypherpunk)'라 불리는 활동가 집단의 메일링 리스트(mailing list)를 통해 한 편의 논문이 전송된다. 논문의 제목은 「비트코인: 개인과 개인 간의 전자 화폐 시스템(Bitcoin: A Peer-to-Peer Electronic Cash System)」. 사토시 나카모토Satoshi Nakamoto라는 미상의 작가가 쓴 이 9페이지 분량의 논문은 2009년 1월 그 소스 코드가 인터넷에 처음 공개됐으며, 2010년 5월 22일 라슬로 한예츠 Laszlo Hanyecz라는 프로그래머가 미국 플로리다에서 비트코인을 이용해 처음으로 피자 2판을 구매하면서 세상의 주목을 받기 시작한다.

사이퍼펑크는 암호를 뜻하는 단어 사이퍼(cipher)에 저항을 의미하는 펑크(punk)를 붙인 합성어로 다국적 ICT(정

비트코인 논문 원문 다운로드 QR코드.

사토시 나카모토의 비트코인 논문.

보통신기술) 기업과 정부 권력의 대규모 인터넷 감시 및 검열에 맞서 자유를 지키기 위한 방안으로 강력한 암호기술을 활용하자는 활동가들의 집단을 말한다. 즉, 적의 정보를 해독해 전쟁에서 승리하고자 사용해 왔던 암호기술을 온라인 공간에서 개개인의 프라이버시를 지키기 위한 수단으로 사용하자는 것으로 데이비드 차움David Chaum, 에릭 휴즈Eric Hughes, 티모시 메이Timothy C. May, 존 길모어John Gilmore 등이 사이퍼펑크 운동의 초기 활동가들이었다.

미국의 수학자이자 프로그래머인 에릭 휴즈는 실제로 1993년 발표한 '사이퍼펑크 선언(A Cypherpunk's Manifesto)'에서 "프라이버시는 전자기기 시대에 열린 사회를 위한 필수 가치이다. 정부나 기업 또는 다른 얼굴 없는 거대 조직들이 우리의 프라이버시를 보장해 줄 것이라 기대할 수는 없으며, 우리의 프라이버시는 우리 스스로가 보호해야 한다. 이러한 열린 사회에서의 프라이버시 보호에는 암호기술이 필수적이다."라고 주장하기도 했다. 비트코인 논문이 바로 이 사이퍼펑크 활동가들의 메일링 리스트를 통해 공개됐다는 사실은 비트코인이 프라이버시 보호와 밀접한 관련이 있다는 것을 의미한다. 일상생활에서 우리가 쓰는 현찰은 흔적을 남기지 않는다. 내가 얼마를 지급했는지, 상대방은 누구인지, 언제, 어디서 사용했는지에 대한 꼬리표가 없다. 반면 수표나 온라인 송금, 신용카드 등은 송금 시간, 액수, 상대방 등 모든 기록이 남는다. 자신이 아무리 노출하고 싶지 않다 하더라도 금융기관이나 정부가 알고자 마음먹는다면 공개될 수밖에 없다. 그런데 인터넷 상 거래에 있어서는 온라인 송금이나 신용카드 외에는 뾰족한 결제수단이 없으며, 이는 곧 우리의 일거수일투족이 언제든 감시될 수 있다는 것을 의미한다. 이러한 문제를 해결하고자 등장한 것이 바로 온라인상의 현찰, 비트코인이다.

이렇다 보니 각국 정부는 비트코인이 마약 자금이나 뇌물 같은 '검은 돈' 및 '돈세탁(money laundering)' 등의 용도로 악용되는 것을 우려하고 있으며, 우리나라 또한 지난 2020년 3월 24일 '특정 금융거래정보의 보고 및 이용 등에 관한 법률(일명 특금법)' 개정을 통해 익명성이 높은 암호화폐가 자금 세탁 및 테러 자금 조달에 악용되지 않도록 하는 법적 근거를 마련하기도 했다. 여전히 사토시 나카모토의 정체는 미궁이다.[1] 초기에는 많은 이들이 그를 일본 사람일 것으로 추측했지만, 현재는 일본인이 아닐 것이라는 예측이 주를 이룬다. 2016년에는 자신이 사토시 나카모토라고 밝혔던 호주의 크레이그 스티븐 라이트Craig Steven Wright란 사람도 있었지만 여론은 부정적이다. 또 어떤 사람들은 사토시 나카모토가 삼성(Samsung), 도시바(Toshiba), 나카미치(Nakamichi), 모토로라(Motorola) 같은 전자업계의 거물들의 약자라고 주장하기도 한다. 하지만 확실한 점은 사이퍼펑크 활동가들의 사상이 비트코인 탄생의 중요한 밑거름이 됐다는 사실이다.

2021년 5월에 비트코인과 같은 류의 암호화폐 수는 이미 1만여 개를 넘어섰고, 현재 많은 국가들과 글로벌 기업들, 그리고 금융기관들이 암호화폐 기술 연구에 뛰어들고 있다. 한때 비트코인은 돈세탁을 하는 사람들이나 마약상들의 도구로 여겨졌지만 지금은 부동산 가격만큼이나 일상적인 대화 소재가 됐다. 이제는 비트코인보다 훨씬 발달한 화폐들도 상당수 존재하는 것이 사실이다. 하지만 우리는 과연 암호화폐에 대해 얼마나 알고 있을까? 왜 전 세계는 이렇게 암호화폐에 열광하고 있는 것일까? 이제 이러한 질문들에 대한 답을 하나씩 찾아가 보도록 하자.

---

1 종종 비트코인 커뮤니티에 글을 통해 소통하던 사토시 나카모토는 2010년께 자취를 아주 감춰버리고 만다. 그리고 그의 정체는 지금 이 순간까지도 밝혀지지 않고 있다. 여자인지 남자인지, 나이가 어떻게 되는지 모두 불명이다. 일부에서는 집단이라고 추측하기도 한다.

가상화폐와 암호화폐의
명칭을 둘러싼 논쟁

지금은 가상화폐(virtual currency)나 암호화폐(cryptocurrency) 같은 용
어가 일반화됐지만 앞서 언급한 사토시 나카모토의 비트코인 논

데이비드 차움 박사.

BLIND SIGNATURES FOR UNTRACEABLE PAYMENTS

    David Chaum

    Department of Computer Science
    University of California
    Santa Barbara, CA

INTRODUCTION

    Automation of the way we pay for goods and services is already
underway, as can be seen by the variety and growth of electronic
banking services available to consumers. The ultimate structure of
the new electronic payments system may have a substantial impact on
personal privacy as well as on the nature and extent of criminal use
of payments. Ideally a new payments system should address both of
these seemingly conflicting sets of concerns.

데이비드 차움의 최초의 전자화폐 논문.

문에는 이러한 단어가 등장하지 않는다. 전통적으로 온라인상에서의 현찰을 지칭하는 용어는 가상화폐도 암호화폐도 아닌 '전자화폐(electronic cash)'이다. 이러한 전자화폐의 개념을 세계 최초로 제안한 사람은 암호학자인 데이비드 차움으로 1982년 크립토(Crypto) 컨퍼런스에서 발표한 「추적 불가능한 결제 시스템을 위한 은닉 서명(Blind Signatures for Untraceable Payments)」이란 논문을 통해 사이버 공간에서 현찰처럼 사용할 수 있으며 추적이 불가능한 전자화폐의 개념을 만들어 냈다.

하지만 데이비드 차움의 전자화폐는 블록체인(blockchain) 기술에 기반을 둔 방식은 아니었다. 디지털의 속성상 전자화폐는 실물화폐에 비해 불법 복제가 용이해 위폐를 만들기가 매우 쉽다. 즉천 원 어치의 전자화폐를 가진 사람이 이를 복사해 이천 원, 삼천

전자화폐의 분류

발행주체 / 구현방식	정부(중앙은행)	민간단체 또는 기업	
중앙집중형	CBDC(Central Bank Digital Currency)	가상화폐 (Virtual Currency)	➤ eCash(1982)
탈중앙형 (Blockchain)	CBDC(Central Bank Digital Currency)	암호화폐 (Cryptocurrency)	➤ Bitcoin(2008)

원 또는 그 이상의 위폐를 만들어 사용하기 쉽다는 말이다. 이를 해결하고자 데이비드 차움은 금융기관(은행)으로 하여금 이러한 위폐의 유통을 감시토록 했다.

차움 박사의 전자화폐가 발표된 지 26년 후인 2008년에 사토시 나카모토는 비트코인이라고 불리는 블록체인 기반의 전자화폐를 제안한다. 당시 국제 금융회사인 리먼 브라더스(Lehman Brothers)로 인한 글로벌 금융위기를 겪은 사토시 나카모토는 자연스레 금융기관의 비대화 및 권력화에 대해 반감을 갖고 있었는데, 이로 인해 은행의 도움 없이 스스로 위폐를 차단할 수 있는 블록체인 기반의 전자화폐인 비트코인을 개발하기에 이른다.

이렇듯 전자화폐는 은행의 도움을 통해 위폐를 단속하는 중앙집중형(centralized) 방식과 은행의 도움 없이 블록체인 기술을 활용해 위폐를 자동으로 단속하는 탈중앙화된(decentralized) 방식으로 나눌 수 있다. 이때 전자를 '가상화폐'라고 하며, 후자를 '암호화폐'라고 부른다. 한때 국내에서 유행했던 SNS인 싸이월드의 '도토리' 같이 이들은 구성원들 간의 약속(약관)에 의해 그 사용처 및 가치를 인정받는다.

또한 민간기업이나 민간단체가 아닌 정부가 중앙은행을 이용해 전자화폐를 발행할 수도 있는데 이러한 유형의 전자화폐를 '중앙은행 디지털화폐(CBDC, Central Bank Digital Currency)'라고 한다. CBDC는 전자적인 형태로 거래된다는 점에서 비트코인 등과 비슷하지만 중앙은행이 직접 발행하고 관리하며 기존 법정통화와 1대1로 교환 가능하다는 것이 가상화폐나 암호화폐와의 가장 큰

한국은행은 CBDC를 발행 및 유통하는 실험에 성공했다고 2022년 1월에 밝힌 바 있다.

다양한 종류의 알트코인들(2021년 9월 26일 기준). ©COIN360

차이점이다. 이러한 CBDC의 경우 익명성을 허용하지 않는 경우가 대부분이기 때문에 모든 거래정보가 중앙은행에 집중된다는 점에서 개인의 사생활 침해나 빅브라더로 변질될 수 있다는 우려도 나온다.

가상화폐, 암호화폐, CBDC 외에 '알트코인(Altcoin)'이란 용어도 있다. 알트코인은 비트코인 이외의 후발 암호화폐들을 통칭하는 말로 얼터네이티브 코인(alternative coin)의 줄임말이다. 2018년 3월 1천 5백여 개였던 전 세계 알트코인의 종수는 2021년 5월 23일 처음으로 1만 개를 돌파했다.

꼭꼭 찝어 생각 정리하기

1. 사토시 나카모토의 '비트코인'과 '사이퍼펑크 (Cypherpunk)'. 과연 이 둘은 무슨 연관이 있을까?

2. 비트코인은 세계 최초의 전자화폐인가? 아니라면 그 탄생 배경은 무엇인가?

3. 중앙은행 디지털화폐(CBDC), 가상화폐, 암호화폐, 알트코인 등은 어떻게 구분할 수 있을까?

암호화폐와 블록체인의
이론적 토대, 암호학

암호의 기원

오랫동안 암호는 국가의 전유물이었다. 암호가 군사·외교 등의 안보 분야에서나 쓰이는 기밀 유지를 위한 수단이었기에, 암호의 제작 원리에 대한 정보는 당연히 국가의 1급 비밀임과 동시에 첩보원들의 주요 목표물 중 하나였다. 기원전 487년경 그리스의 도시국가 스파르타에서 파견된 첩자는 동맹국인 페르시아의 배신을 감지하고 이를 암호화하여 자국에 알렸으며, 로마의 황제 줄리어스 시저Gaius Julius Caesar는 암살 음모를 알리는 내용의 암호 편지를 가족들로부터 전달받기도 했다. 제1차 세계대전 당시 독일의 여성 첩보원 마타 하리Mata Hari는 자신이 빼낸 기밀을 피아노 악보 암호를 사용해 본국에 전달함으로써 약 20만 명에 달하는 프랑스군을 죽음에 이르게 했으며, 제2차 세계대전에서는 미국이 독일의 암호문을 해독한 것이 전쟁을 승리로 이끄는 계기가 되기도 했었다. 또한 9.11 테러에서도 오사마 빈 라덴Osama bin Laden은 그의 테러 조직 알카에다에게 정보를 전달하기 위해 스테가노그래피(Steganography, 전달하려는 정보를 이미지 파일이나 MP3 파일 등에 암호화해 숨기는 심층 암호 기술)라는 암호 기술을 사용한 것으로 알려져 있다. 이러한 사실들에서 볼 수 있듯 암호는 중요한 정보를 안전하게 보호하고 전송하는 주요 수단으로 아주 오래전부터 사용되어 왔으며 전쟁의 승패를 결정짓는 열쇠였다. 더욱이 최근 암호는 군사·외교 분야에서뿐만 아니라 컴퓨터 통신, 전자우편, 은행 간 계좌이체 등 사회의 전 분야에서 활용되고 있다.

일반적으로 암호(cryptography)란 '저장되거나 전송되는 중요 정보의 불법적인 노출을 방지하기 위해서 정보를 제3자가 해독 불가능한 형태로 변형하거나, 암호화된 통신문을 해독 가능한 형태로 변환하기 위한 원리, 수단, 방법 등을 취급하는 기술 또는 과학'을 말하며 그 어원은 그리스어에서 비밀이란 뜻을 가진 kryptos와 글쓰기란 뜻을 가진 graphos의 합성어이다.[1] 암호의 효시는 기원전 2천 년경에 이집트인들이 사용했던 상형문자로 볼 수 있다. 이들이 상형문자를 사용한 이유는 알려져 있지 않으나, 정보를 비밀로 하려는 의도는 없었다는 것이 일반적인 견해이다. 현재 많은 암호 전문가들은 고대 이집트인들이 상형문자를 사용한 이유에 대해 크게 두 가지의 가능성을 제시하고 있다. 첫 번째 이유는

---

[1] 이러한 의미에서 암호는 컴퓨터 프로그램이나 컴퓨터 통신망에서 허가된 사용자임을 확인하는 데 사용되는 패스워드(password)와는 구별되어야 한다.

예일대학교가 보관하고 있는 상형문자.

오늘날 대부분의 공문서가 정형화되어 있듯이 고대 이집트인들도
그들의 문서가 좀 더 형식화된 외형을 가지길 원했기 때문이라는
것이다. 또 다른 이유는 종교적 신비감을 불어넣기 위한 수단이었
다는 추측이다. 즉 비밀스러운 것은 보통 호기심과 진기하다는 느
낌을 갖게 하므로, 종교적 저술에 암호를 사용함으로써 외부인들
의 관심을 불러일으키고, 이로 인해 그들의 종교가 널리 보급될
수 있는 계기를 만들려고 했다는 것이다.

　최초의 군사적 암호의 기원은 고대 그리스에서 찾을 수 있다.
기원전 450년경 고대 그리스의 스파르타에서는 '스키테일(scytale)'
이라 불렸던 나무로 된 원통형 막대를 이용하였다. 이것에 종이를
말아서 그 위에 무엇인가를 써서 보내면 같은 크기의 원통을 갖

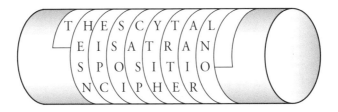

❶ 두 사람이 각자 같은 굵기의 원통형 막대기(스키테일)를 나누어 갖는다.

❷ 비밀리에 보내야 할 메시지가 생기면 스키테일에 가느다란 양피지 리본을
위에서 아래로 감은 다음 옆으로 메시지를 적는다.

❸ 리본을 풀어내어 펼치면 글자의 순서가 뒤죽박죽이 되어, 메시지의 내용을
아무나 읽을 수 없게 된다. 오로지 같은 굵기의 원통 막대기를 가진
사람만이 리본을 다시 막대에 감아 메시지를 읽을 수 있다.

스키테일을 이용한 'THE SCYTALE IS A TRANSPOSITION CIPHER'의 암호화 과정.
© Shihab A. Shawkat

고 있지 않는 한 원래의 내용을 알아내기란 그 당시로서는 매우
힘든 일이었다. 스키테일의 유래는 다음과 같다.

당시 스파르타는 고대 그리스 국가들 중 가장 강력한 도시국
가였다. 막강한 육군을 이끌고 아테네와 교전을 벌이고 있었던 스
파르타의 라이산더Lysander 장군은 마침 중요한 의사 결정을 놓고
고심하고 있었다. 이유인 즉, 동맹국인 페르시아가 스파르타를 시
기하고 호시탐탐 기회를 엿보고 있는 듯한 낌새였으나, 만일 페르
시아를 공격하면 귀중한 동맹국을 잃을지도 모르며 그렇다고 수
수방관만 할 수도 없는 어려운 처지였기 때문이었다.

라이산더는 고심 끝에 페르시아에 첩자를 잠입시켰고 그 후

라이산더 장군.

첩자가 보낸 노예가 편지를 들고 장군을 찾아왔다. 첩자가 보낸 편지를 다 읽고 난 라이산더는 노예가 차고 있던 벨트를 풀게 한 뒤, 자신이 갖고 있던 스키테일에 그 벨트를 위에서 아래로 감은 다음 옆으로 메시지를 읽어 내려갔다. 즉 라이산더가 기다리고 있었던 것은 편지가 아니라 바로 암호문이 적힌 노예의 벨트였던 것이다. 벨트에 써져 있었던 암호문을 스키테일로 해독하자 '페르시아는 장군의 절친한 친구를 살해하고 배신했다. 장군도 노리고 있다.'라는 내용이 나타났다. 이 정보는 의사를 결정하는데 영향을 미친 귀중한 단서가 되었으며 라이산더는 즉시 페르시아로 쳐들어가 승리를 거두었다.

앞서 말한 스테가노그래피 역시 재미있는 일화가 있다. 지금으로부터 약 2300년 전 페르시아의 다리우스왕은 지금의 이라크와 터키를 정복하고 그리스의 주요 도시를 지배하는 등 강력한 세력을 구축하고 있었는데, 이오니아 지방의 밀레투스를 지배하고 있던 히스티에우스Histiaeus를 경계하여 자신이 머무는 수사에 억지로 잡아두고 있었다.

점차 고향에 대한 향수가 심해진 히스티에우스는 고향에 돌아가기 위해 한 가지 묘책을 꾸미게 되었는데, 그 묘책이란 이오니아 지방에 반란이 일어나면 이를 진압하기 위해 자신이 파견될 것이고 그러면 그리운 고향에 돌아갈 수 있으리라는 것이었다. 그는 밀레투스를 지키고 있던 양아들 아리스타고라스Aristagoras에게 밀서를 전달하기 위해 데리고 있던 노예 중 눈이 나쁜 자를 불러 "네 눈을 고치려는 것이다."라고 말하고는 노예의 머리를 깎고 그의 머리에 비밀 메시지를 문신으로 새겨 넣었다.

노예의 머리카락이 다시 자라 문신이 보이지 않게 되자, 히스티에우스는 "또 머리가 자랐구나. 그 쪽에 도착하면 다시 잘라내어라. 그러면 네 눈은 고쳐질 것이다."라며 그를 밀레투스로 몰래 보냈다. 아리스타고라스가 노예의 머리카락을 잘라내자, 노예의 머리에는 "반란을 일으켜라."라고 새겨져 있었다. 아리스타고라스는 아버지의 지시대로 반란을 일으켰으며, 히스티에우스는 반란을 진압할 장군으로 파견되어 당초 그가 계획한 대로 그리운 고향땅을 밟을 수가 있었다.

20세기 후반에 접어들면서 컴퓨터 기술의 급속한 발전으로 컴퓨터를 이용한 스테가노그래피가 등장하였고, 디지털 사진, MP3 음악 파일, 웹페이지, 영화 등에 비밀 메시지를 숨기는 것도 가능해졌다. 이와 같이 이미지 파일이나 음악 파일을 이용할 경우, 전 세계 인터넷에 떠 있는 수백억 개의 이미지 또는 웹 사이트에서 어떤 이미지가 메시지를 숨긴 이미지인지를 알아낼 방법이 없기 때문에 막아내는 것이 거의 불가능하게 된다.

공개키 암호의 등장

　정보화 시대의 암호는 지금까지의 군사·외교용 암호와는 달리 불특정 다수 사이에서 이용된다는 특징이 있다. 기존에는 특정한 사람끼리의 정보 비밀 유지를 위해 암호 통신이 이용되었는데 반해, 최근에는 인터넷 쇼핑몰에서와 같이 불특정 다수의 일반 소비자를 대상으로 한 암호 통신이 이루어지고 있는 것이다. 그러나 기존의 스키테일이나 DES(Data Encryption Standard, 미국이 개발한 세계 최초의 상용 표준 암호) 같은 소위 '대칭키 암호 방식(symmetric key cryptosystem)'에서는 비밀 통신을 하고자 하는 쌍방이 사전에 미리 똑같은 키(key) 값[2]을 비밀리에 나눠 갖고 있어야 하는 문제가 있다. 즉 대칭키 암호 방식의 문제는 송신자가 어떻게 해서든 키를 사전에 수신자에게 비밀리에 보내야 한다는 점인데, 이 경우 키를 운반하는 심

2　일종의 비밀번호로 스키테일 암호에서의 키는 원통의 굵기(지름)가 키 값이다.

부름꾼이 도중에 붙잡히거나 매수당할 수 있고 혹은 협박을 당할 수도 있다. 설사 사전에 둘이 같은 키 값을 안전하게 공유하는 일이 가능하다 하더라도, 이러한 일을 일면식도 없었던 사람들과 수행하기란 쉽지가 않다.

불특정 다수의 사람들 사이에서 암호 통신을 하기 위해서는 '공개키 암호 방식(public key cryptosystem)'[3] 을 이용하는 것이 바람직하다. 공개키 암호는 키를 공유하기 위한 심부름꾼이 필요 없는 혁신적인 개념의 암호 방식으로 1976년에 미국의 휫필드 디피 Whitfield Diffie와 마틴 헬먼Martin E. Hellman에 의해 「암호학의 새로운 방향(New Directions in Cryptography)」이란 논문에서 처음 그 개념이 발표됐다.[4]

쉽게 얘기하면 공개키 암호 방식이란 우리가 일상생활에서 흔히 볼 수 있는 '맹꽁이자물쇠(padlock)'를 암호에 적용한 것이다. 누구든 채울 수는 있지만 열 때는 반드시 열쇠가 있어야 하는 맹꽁이자물쇠를 상상해 보자.

---

3 공개키 암호 방식을 '비대칭키 암호 방식(asymmetric key cryptosystem)'이라고도 한다.

4 미국보다 몇 년 앞서 1970년대 전반에 영국의 제임스 엘리스James Ellis, 클리포드 콕스Clifford Cocks, 말콤 윌리엄슨Malcolm Williamson 등이 '非비밀 암호화(non-secret encryption)'란 이름으로 공개키 암호 방식을 먼저 발명했다는 사실이 1997년 말 영국의 정부통신본부(GCHQ, Government Communications Headquarters) 산하 통신전자보안그룹(CESG, Communications Electronics Security Group)의 홈페이지를 통해 발표된 바 있다. 그러나 논문의 원본과 같은 어떠한 증거물도 남아 있지 않았기 때문에 이를 공식적으로 증명하지는 못한 상태다.

공개키 암호의 개발자, 휫필드 디피(왼쪽)와 마틴 헬먼. © PC INFO GUARD

　　만약 컴퓨터에서 사용 가능하도록 전자적으로 만든 맹꽁이자
물쇠가 있다면, 비밀통신을 원하는 사람은 전자적으로 만든 상자
에 비밀 메시지를 넣고 상대방의 자물쇠(공개키 암호 방식에서는 이를 '공
개키'라고 한다.)를 채워 보내면 된다. 잠겨 있는 맹꽁이자물쇠를 열어
상자 속의 메시지를 꺼낼 수 있는 이는 열쇠(이를 '개인키'라고 한다.)를
가진 사람뿐이므로, 다른 사람은 메시지의 내용을 알 수 없다. 즉
자신의 전자 자물쇠를 전화번호부나 게시판 같은 곳(이를 '공개키 디렉
토리'라고 한다.)에 공개해서 알려줄 수만 있으면 사전에 키를 공유하
지 않고도 암호 통신이 가능한 것이다.

　　현재 대다수의 암호전문가들은 공개키 암호 방식이 안전하다
고 확고하게 믿고 있으며 1976년 그 태동에 버금가는 '획기적인

발상의 전환이 출현하지 않는 이상 주류 암호 방식으로서의 자리를 상당 기간 지킬 것으로 예상하고 있다.

아울러 공개키 암호 방식은 현재 비밀통신 이외에 데이터의 신뢰성과 출처 확인을 요하는 여러 영역, 예를 들어 전자우편, 암호화폐, 전자문서 교환 등의 다양한 영역에서 널리 요긴하게 사용되고 있다.

공개키 암호 방식의 개념

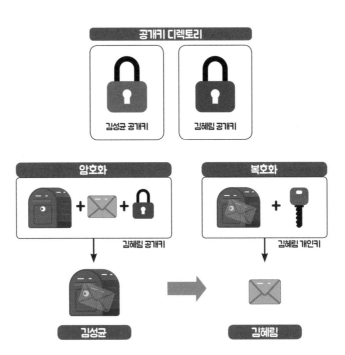

최초의 공개키 암호, RSA

필 알덴 로빈슨 감독의 영화 '스니커즈(Sneakers)'는 화이트 해커의 세계를 그린 영화로, 해커인 로버트 레드포드가 전과 기록이 있는 각 분야의 전문가들을 모아 천재 수학자 자넥이 만든 사상 초유의 암호 해독 장치를 추적하는 것을 주요 내용으로 한다. 영화에서는 자넥이 정수의 소인수분해(素因數分解, factorization in prime factors)[5] 방법에 대해 다양한 수학적 용어를 구사하며 설명하는 장면이 나온다. 왜 이 영화에서는 '큰 수에 대한 소인수분해가 암호 해독과 밀접한 관련이 있다고 하는 것일까?

RSA 공개키 암호는 페르마Pierre de Fermat의 소정리(小定理, little theorem)에 기초를 두고 있는 암호 방식으로, 1978년 MIT에서 개발

---

5   소인수분해: 주어진 합성수(合成數)를 소수(素數)의 곱의 꼴로 바꾸는 일. 이를테면 525는 525 = 3 × 5 × 5 × 7로 소인수분해 된다.

왼쪽부터 샤미르(S), 리베스트(R), 에이들먼(A).

되었으며 개발자인 로널드 리베스트Ronald L. Rivest, 애디 샤미르Adi Shamir, 레오나르드 에이들먼Leonard M. Adleman[6]의 머리글자를 따서 RSA라고 불려진다. RSA는 지난 1977년에 발표된 이래 지금까지 세계에서 가장 오랫동안 사용된 공개키 암호 방식으로 다양한 기기에서 널리 활용되고 있다.[7]

6　영화 '스니커즈'는 제작 당시 레오나르드 에이들먼 교수에게 조언을 구했다고 알려져 있다.

7　발표된 논문의 정확한 제목은 Ronald L. Rivest, Adi Shamir, Leonard M. Adleman, 「A Method for Obtaining Digital Signatures and Public-Key Cryptosystems」, Communications of the ACM, 21(2), pp.120-126, 1978 이다. 참고로 보안 회사 RSA 시큐리티는 1983년 9월 29일에 RSA 공개키 암호에 대한 특허를 받았으며(미국 특허번호 4,405,829), 17년 후인 2000년에 특허가 만기되었다.

RSA 공개키 암호 방식은 다음과 같은 동작원리를 가진다. 여기서는 아주 작은 수로 단순화시켜 설명키로 한다.

❶ 성균이와 혜림이는 공개적으로 알려질 공개키와 오직 자신만이 알고 있을 개인키를 각각 정한 후, 공개키를 자신의 이름과 함께 공개키 디렉토리에 등록한다. 여기서는 일단 혜림이의 공개키는 13이고 개인키는 $\frac{1}{13}$이라고 가정하자.

❷ 혜림이와 비밀통신을 하고자 하는 성균이는 자신이 보내려는 메시지를 혜림이의 공개키 13을 사용하여 다음과 같이 암호화한다. 예를 들어 성균이가 보내려는 메시지가 알파벳 'A'라면 'A'의 10진수 표현인 65를 13번 곱한 수(65의 13승 = 65^{13}) 인 369,720,589,101,871,337,890,625가 메시지 'A'의 암호문이 된다.

❸ 암호문을 받은 혜림이는 다음과 같이 자신의 개인키로 암호를 해독한다.

$$(369{,}720{,}589{,}101{,}871{,}337{,}890{,}625)^{\frac{1}{13}} = (65^{13})^{\frac{1}{13}} = 65$$

❹ 이제 65를 알파벳 표현으로 바꾸면, 다시 메시지 'A'가 나타나게 된다.

너무 쉽지 않은가? 하지만 조금 전에 예로 든 RSA는 암호로 사용하기에는 너무나 치명적인 문제가 있다. 쉽게 열쇠의 형태를 추측해낼 수 있는 자물쇠는 의미가 없듯이, 앞서 소개한 RSA에서

는 공개키 13으로부터 혜림이의 개인키 $\frac{1}{13}$을 누구나 쉽게 계산해 낼 수 있으므로 암호로서 제 기능을 발휘할 수 없다. 그러므로 리베스트, 샤미르, 에이들먼이 제안한 실제 RSA 암호에서는 p와 q, 두 소수의 곱을 법(法, modulus)으로 사용해 지수승 연산을 수행토록 함으로써 안전성을 강화하였다.

우선 법 연산에 대해서 알아보자. 5시에서 3시간 후는 8시이고 이것을 식으로 쓰면 5+3=8이다. 그런데 11시에서 5시간 후는 4시이므로 이를 수식으로 표시하면 11+5=4가 된다. 이러한 계산법을 '12를 법으로 하는 계산'이라고 하는데, 정확한 수식 표현은 11+5 ≡ 4(mod 12)이다(11+5한 결과인 16을 12로 나누었을 때의 나머지가 4라는 뜻). 12가 아닌 다른 자연수도 법으로 이용할 수 있으며, 덧셈과 뺄셈 외에 곱셈과 나눗셈도 가능하다. 특히 재미있는 것은 p와 q가 소수일 때, p와 q로 나누어지지 않는 양의 정수 a에 대해서 $a^{(p-1)\times(q-1)} \equiv 1(\text{mod } p\times q)$가 성립된다는 것이다. 예를 하나 들어보자. p = 11, q = 13인 경우, $90^{(11-1)\times(13-1)} \equiv 90^{10\times12} \equiv 1(\text{mod } 11 \times 13)$이다.

이제 리베스트, 샤미르, 에이들먼이 제안한 실제 RSA 공개키 암호 방식에 대해 알아보자.

❶ 김혜림은 두 개의 소수 p(예를 들어 5)와 q(예를 들어 11)를 생성하여 p×q(예를 들어 5×11=55)를 계산하고, (p-1)×(q-1)과 서로소(relatively prime)[8]가 되는 랜덤한 정수 e(예를 들어 7)를 선택한다. 또한 $e\times d \equiv 1\{\text{mod } (p-1)\times(q-1)\}$이 되는 d를 계산하는데, 우리의 예제에서는 $7\times23 \equiv 1(\text{mod } 4\times10)$이므로 d = 23이 된다.[9] 이제 혜림이는 방금 전 계산한 d값은 개인키로서 자신만이 알고 있고, e값과 p×q한 값은 공개키로

---

8 서로소(relatively prime): 1 이외에 공약수를 갖지 않는 두 자연수. 예를 들면 두 자연수 4와 9는 서로소이다. 즉 4의 약수는 1, 2, 4이고 9의 약수는 1, 3, 9이므로 두 수의 공약수는 1밖에 없다. 마찬가지로 7과 13, 또는 20과 21, 또는 33과 98 등이 서로소이다.

9 이 예제는 간단하여 쉽게 개인키 23이 구해지지만 실제로는 이렇게 간단하지 않다. 이 계산은 보통 옛날 그리스인이 고안했다고 하는 '유클리드Euclid의 호제법(互除法)'이라는 방법을 사용하여 구해진다.

서 공개키 디렉토리에 공개한다. 이제 혜림이의 공개키는 (7, 55)이고, 개인키는 23이 된다.

❷ 혜림이와 비밀통신을 하고자 하는 성균이는 자신이 보내려는 메시지를 혜림이의 공개키 (7, 55)를 사용하여 다음과 같이 암호화한다. 성균이가 보내려는 메시지가 '$'라면, '$'의 10진수 표현인 36에 대한 RSA 암호문 $36^7 \equiv 31 \pmod{55}$를 계산한다.

❸ 암호문 31을 받은 혜림이는 다음과 같이 자신의 개인키로 이를 복호화한다.

$$31^{23} \equiv (36^7)^{23} \equiv 36^{7 \times 23} \equiv 36^{4 \times 10 \times 4 + 1} \equiv (36^{(5-1) \times (11-1)})^4 \times 36$$
$$\equiv 1^4 \times 36 \equiv 36 \pmod{55}$$

❹ 이제 36을 알파벳 표현으로 바꾸면 다시 메시지 '$'가 나타나게 된다.

이상과 같이 RSA 공개키 암호 방식에서는 공개키 (e, p×q)를 전화번호부처럼 공개하므로 누구든지 메시지를 암호화하여 상대방에게 보낼 수 있고, 암호문의 복호화는 (e, p×q)에 대응하는 개인키 d를 알고 있는 사람만이 가능하게 된다. 여기서 만일 p×q한 값과 e를 가지고 d를 구할 수 있으면, RSA 암호의 해독이 가능해진다. 그러나 d를 찾아내기 위해서는 (p-1)×(q-1)을 계산할 수 있어야만 가능한데, p×q를 '소인수분해' 하지 못하고서는 (p-1)×(q-1) 값을 구해내기가 어렵다.

만약 소수 p와 q가 각각 155자리(512비트 크기에 해당) 이상의 소수이면 현재의 기술로 p×q를 소인수분해 하는 것은 매우 어렵다고 알려져 있다. 예를 들어 1초에 백만 번의 연산을 할 수 있는 컴퓨터를 이용하여 현재 알려진 가장 빠른 방법으로 계산한다 해도, 100자리 수의 소인수분해에 약 100년 정도 걸린다고 한다(재래식 방법으로는 우주의 역사보다도 긴 시간이 필요하다).[10] 실제로 많은 암호학자들이 효과적인 소수 판정 방법과 소인수분해 방법에 대해 연구하고 있

---

10 예를 들어 두 개의 소수 9,419와 1,933을 선택해 이 두 숫자를 곱해보자. 계산기를 이용하면 우리는 쉽게 18,206,927이라는 답을 얻을 수 있다. 그러나 먼저 18,206,927이라는 숫자를 주고 곱해서 18,206,927이 되는 두 개의 소수(즉, 소인수)를 구하라고 하면, 이보다 훨씬 긴 시간이 걸릴 것이다. 실제로 1977년 8월에 리베스트, 샤미르, 에이들먼은 《사이언티픽 아메리칸(Scientific American)》이라는 잡지에 100달러의 상금을 걸고 129자리 합성수에 대한 소인수분해 문제를 낸 적이 있는데, 그 수는 다음과 같다.

N = 114,381,625,757,888,867,669,235,779,976,146,612,010,218,296,721,242,362,
562,561,842,935,706, 935,245,733,897,830,597,123,563,958,705,058,989,075,147,
599,290,026,879,543,541

이 문제는 오랜 세월 풀리지 않은 채로 있다가, 17년이 지난 1994년 4월 26일 네 명의 수학자에 의해 해결되었는데, 이들은 전 세계 25개국에서 자원봉사자 600명을 모집한 후, 인터넷을 통해 작업을 분담시켜 처리함으로써 인수분해에 성공할 수 있었다. 이들이 발견한 두 개의 소인수는 다음과 같다.

p = 32,769,132,993,266,709,549,961,988,190,834,461,413,177,642,967,992,942,5
39,798,288,533

q = 3,490,529,510,847,650,949,147,849,619,903,898,133,417,764,638,493,387,84
3,990,820,577

으며, 연구 결과가 군사기밀 혹은 기업비밀로 분류되기도 한다. 특히 네덜란드의 수학자인 아르젠 렌스트라Arjen K. Lenstra 교수는 기존의 방법과는 전혀 다른, 타원곡선 이론을 써서 큰 수를 효과적으로 소인수분해 하는 방법을 새롭게 발견해 암호학계에 충격을 던지기도 했었다.

아르젠 렌스트라 교수.

끝으로 대칭키 암호 방식에서와 같이 공개키 암호 방식에서도 보안성은 키에 달려있다. 따라서 키의 길이는 보안성의 척도가 된다. 현재 대다수의 암호전문가들은 안전한 키의 길이로 대칭키 암호에 대해서는 128비트를, 공개키 암호에 대해서는 1024비트를 권장하고 있다.

공개키 암호를 사용하여
전자적으로 서명하기

전통 사회에서 상거래시 본인을 확인시켜 주고 거래 행위를 법적으로 보호받기 위한 수단이 인감(도장)이었다면, 인터넷을 기반으로 한 디지털 사회에서는 디지털 인감, 즉 전자서명(digital signature)이 그 역할을 대신하고 있다.

전자서명이란 전자문서를 작성한 자의 신원과 전자문서의 위·변조 여부를 확인할 수 있도록 하는 디지털 정보로 실생활의 도장 날인이나 서명과 유사한 개념이다. 전자서명의 가장 일반적인 예로 전자펜을 이용한 그래픽 기반의 서명 방식을 들 수 있을 것이다. 그러나 이는 도장이나 수기서명을 이미지화하여 저장하였다가 서명 시점에 사용하는 것으로서, 포토샵 등을 이용한 복제가 쉬우며 단지 사람의 시각에 의존해서만 진위 여부를 판단하기 때문에 안전·신뢰성 측면에서도 많은 취약점을 가지고 있다.

이 장에서 다루고자 하는 전자서명은 현재까지의 기술 중 가장 안전하고 신뢰할 만하다고 평가받는 '공개키 암호에 기반을 둔 방식'으로, 사용자는 '자신만

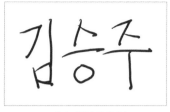

그래픽 기반의 전자서명.

이 알고 있는 개인키'를 가지고 수학적 연산을 통해 자신만의 고유한 전자서명 값을 계산한 후, 그 결과를 수신자에게 송신한다. 수신자는 '누구에게나 공개된 송신자의 공개키'를 사용하여 전자서명 값의 진위 여부를 수학적 연산을 통해 확인할 수 있으며, 올바른 결과 값이 나오는 경우에만 전자문서를 접수하게 된다.

이때 전자서명 값은 임의의 숫자, 문자, 기호 등의 연속된 형태

공개키 암호에 기반한 전자서명 방식의 개념

공개키(Public Key)

암호화 키 = 서명 검증 키

개인키(Private Key)

복호화 키 = 서명 생성 키

로 나타나게 되는데, 예를 들면 다음과 같다.

2D3F129+8A4BA4/15986DAC387267FA/765C68A6+=6D87A87C98376575
7A886F767F66CD7777D87/6488C651A312B78A=1BD268A8172139281231

앞서 소개한 리베스트, 샤미르, 에이들먼의 RSA 공개키 암호
방식을 이용해서 실제 전자서명의 동작 절차를 좀 더 자세히 알
아보도록 하자.

❶ 혜림이는 자신이 보내려는 메시지를 자신의 개인키 23을
사용하여 서명하고자 한다. 만일 서명하려는 메시지가 '#'이
라면, 혜림이는 23을 이용해 '#'의 10진수 표현인 35에 대한
서명값 $35^{23} \equiv 30 \pmod{55}$을 계산한다.

❷ 이제 혜림이는 자신이 생성한 전자서명 값 30을 원래의 전
자문서 '#'에 더해 성균이에게 자신의 이름과 함께 전송한
다.

❸ 전자서명된 메시지(메시지 '#'과 그에 대한 전자서명 값 30)를 받은 성
균이는 우선 공개키 디렉토리를 검색해 혜림이의 공개키 (7,
55)를 가져온 후, 다음과 같이 전자서명의 진위여부를 검증
한다. $30^7 \equiv 35 \pmod{55}$

❹ 이제 성균이는 수신된 메시지 '#'의 10진수 표현과 단계 ③
에서 복원한 35가 서로 일치하는지 비교한다. 두 개의 값이

일치하면, 성균이는 전자문서 '#'을 작성한 사람이 혜림이고, 또한 전송 중에 메시지가 훼손되지 않았음을 확인하게 된다.

지금까지 전자서명을 살펴보았는데 여기서 전자서명은 메시지의 비밀성을 보장하지는 않는다는 점에 유의할 필요가 있다. 왜냐하면 공개키는 누구든 얻을 수가 있기 때문이다. 즉 전자서명은 ▲작성자로 기재된 자가 해당 전자문서를 실제로 작성했다는 사실과 ▲작성 내용이 송·수신 과정에서 위·변조된 사실이 없다는 사실, 그리고 ▲작성자가 그 전자문서를 작성한 사실을 나중에 부인할 수 없게 하는 역할을 하는 것뿐이다. 그러므로 전자서명에서 보장하는 보안 효과는 '인증(authentication)' 및 '무결성(integrity)'과 '부인방지(non-repudiation)' 효과이지, 문서 내용을 제3자가 알지 못하게 하는 '기밀성(confidentiality)' 효과까지를 기대할 수는 없다.

05

암호학에서의
압축 프로그램, 해시 함수

암호학에서 얘기하는 '해시 함수(hash function)' 또는 '해시 알고리즘(hash algorithm)'이란 임의의 길이의 데이터를 입력했을 때 이를 정해진 크기로 압축해 주는 함수(알고리즘)를 말한다.

WinZip과 같은 일반적인 압축 프로그램들과 다른 점은 암호학적 해시 함수의 경우 불가역적(不可逆的)인 특성이 있기 때문에, 압축된 결과로부터 원래의 데이터를 복원해 내는 것이 기술적으로 불가능한 특성을 갖는다. 또한 암호학적 해시 함수는 다음과 같은 조건들을 충족해야 한다.

블록체인 해시 알고리즘.

역상 저항성(preimage resistance): 해시값으로 부터 원래의 입력값을 찾아내는 것이 기술적으로 불가능해야 한다. 즉, H(x) = y일 때, y로 부터 x를 찾아내는 것이 어려워야 한다(단, 여기서 H는 해시 함수). 이를 '일방향성(one-wayness)'이라고도 한다.

제2역상 저항성(second preimage resistance): 어떤 입력값과 이에 대한 해시값이 주어졌을때, 같은 해시값을 생성하는 또 다른 입력값을 찾아내는 것이 기술적으로 불가능해야 한다. 즉, H(x) = y이고, x와 y를 알고 있는 경우, H(x') = y가 되는 또 다른 x'를 찾아내기가 어려워야 한다.

충돌 저항성(collision resistance): 동일한 해시값을 생성해 내는 서로 다른 2개의 입력값을 찾는 것이 기술적으로 불가능해야 한다. 즉, H(x) = H(x')를 만족하는 x와 x'를 찾는 것이 어려워야 한다.

해시 함수는 입력값이 한 비트만 바뀌어도 출력되는 해시값이 크게 달라지는 특성이 있기 때문에, 저장 혹은 전송 중에 있는 데이터가 변조되지 않았다는 무결성 검증이 필요할 때 사용될 수 있다. 또한, 해시 함수는 전자서명에도 활용될 수 있다. 전체 메시지가 아닌 이를 압축한 짧은 해시값에 대해 전자 서명을 계산토록 함으로써, 효율적으로 서명 값을 생성할 수 있다. 대표적인 암호학적 해시 함수에는 MD5(Message-Digest algorithm 5), HAS-160(Hash Algorithm Standard 160), SHA-1(Secure Hash Algorithm 1), SHA-2, SHA-3(SHA-3는 Keccak이라고도 불림) 등이 있다.

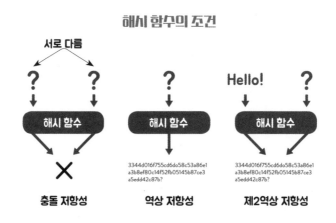

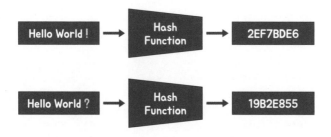

1. 최초의 암호는 무엇일까?

2. 현대의 암호는 과거 군사·외교용 암호와는 달리 불특정 다수 사이에서 이용된다는 특징이 있다. 기존의 '스키테일'이나 'DES'와 같은 소위 '대칭키 암호 방식'과 1976년에 휫필드 디피와 마틴 헬먼이 개발한 '공개키 암호 방식'의 결정적 차이는 뭘까? 한번 정리해 보자.

3. 최초의 공개키 암호인 RSA의 해독과 소인수분해 사이에는 과연 무슨 연관성이 있다는 것일까?

4. 그래픽 기반의 전자서명과 공개키 암호를 이용한 전자서명은 결정적으로 무엇이 다른가? 그 차이를 고민해 보자.

3부

암호화폐의 변천사

암호화폐의 아버지, 데이비드 차움

인터넷에서 물건을 구매할 때 보통은 신용카드나 실시간 계좌 이체를 이용한다. 그러나 이 경우 우리가 언제 어디서 무엇을 샀는지에 대한 내역이 고스란히 드러나게 돼 사생활 침해 문제가 야기될 수 있다. 이를 인지한 암호학자 데이비드 차움은 1982년 인터넷에서 현찰처럼 사용할 수 있는 추적 불가능한 전자화폐를 최초로 제안하고, 1990년에는 네덜란드에 '디지캐시(DigiCash)'라는 회사까지 창업한다. 시대를 너무 앞서 갔기 때문이었을까, 디지캐시는 1998년에 파산한다. 하지만 차움 박사의 전자화폐에 대한 갖가지 아이디어들은 진화를 거듭해 사토시 나카모토의 비트코인으로 계승된다.

디지털 정보란 것이 본디 복제가 용이하기 때문에 전자화폐를 만드는 것은 생각보다 쉽지 않다. 원본을 복사해 위폐를 만들어 이중, 삼중 반복해서 사용하기가 쉽기 때문이다. 이러한 위폐의

데이비드 차움이 제안한 중앙집중형 전자화폐의 동작 원리

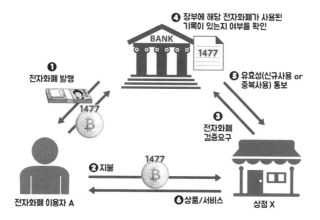

❹ 장부에 해당 전자화폐가 사용된 기록이 있는지 여부를 확인

BANK

1477

❶ 전자화폐 발행

1477

❺ 유효성(신규사용 or 중복사용) 통보

❸ 전자화폐 검증요구

1477

❷ 지불

전자화폐 이용자 A

❻ 상품/서비스

상점 X

발행 단계 먼저 사용자는 은행에 일정 금액을 지불하고 그에 상응하는 만큼의 전자화폐를 발급받는다. 이때 전자화폐 발권시의 사용자 익명성을 보장하기 위한 방법으로 '은닉 서명(blind signature)'이라는 특수 전자서명 기술을 이용한다.

지불 단계 사용자는 상점이나 전자상거래 사이트를 방문해 상품을 고른 후, 전자화폐로 대금을 지불한다.

위폐 검증 단계 상점은 위폐인지 여부를 확인하기 위해 수령한 전자화폐의 일련번호를 은행에 통보한다. 은행은 이 일련번호를 중앙서버에 보관하고 있는 데이터베이스(장부)와 대조해 해당 전자화폐가 과거에 사용된 적이 있는지 여부를 확인한다. 사용된 적이 없다면 은행은 이를 상점에 통보한 후 해당 일련번호를 데이터베이스에 기록한다.

상품 배송 상점은 상품을 사용자에게 배송한다.

유통을 차단하기 위해 차움은 다음과 같이 은행에게 감시자의 역할을 부여했다.

이 글을 읽는 독자 중에는 "이렇게 일련번호를 확인하면 누가 어디서 얼마를 썼는지 추적할 수 있지 않을까?"라며 이의를 제기할 수도 있다. 하지만 인터넷 거래는 비대면으로 일어나기에 처음 등록 시 실명 확인을 하지 않는 이상 ID의 실소유자가 누군지 알 수 없고, 그래서 익명성이 보장된다.

이후 차움의 전자화폐는 '익명성(anonymity)' 외에 ▲사용자와 판매자의 거래시 은행의 개입이 필요치 않은 '오프라인 결제(off-line payment)',[1] ▲자신의 화폐를 타인에게 양도할 수 있는 '양도성(transferability)', 그리고 ▲큰 금액의 화폐를 작은 금액으로 분할해 사용할 수 있게 하는 '분할성(divisibility)' 등의 특징을 지닌 다기능 전자화폐로 진화해 나간다.

---

1 오프라인 결제를 위해 '사후검출(after the fact)' 방식이 이용된다. 사후검출이란 전자화폐 발급시 전자화폐 내에 사용자의 ID 정보를 입력해 두었다가, 사용자가 전자화폐를 복사해 이중 사용하는 경우 사후에 은행이 이를 감지해 화폐 내에 삽입돼 있는 사용자의 ID를 추적하는 기법을 말한다. 전자화폐를 단지 한 번만 사용한 정당한 사용자에 대해서는 사용자 ID를 추출해 내는 것이 불가능하다. 단, 사후검출 방식은 많은 간접적 처리 시간이나 메모리 등이 필요하다는 문제가 있다.

보안 기술의 양면성 – 첩보 기술이 프라이버시 보호 기술로, 그것이 다시 범죄 도구로 사용되는 아이러니

범죄 수사 드라마나 첩보 영화를 보면 범인을 추적하는 수사관이 도청이나 미행 등의 방법을 통해 증거를 수집하는 것을 종종 볼 수 있다. 인터넷, 즉 사이버 공간 도 이와 크게 다르지 않다. 인터넷을 흘러 다니는 패킷(packet)들에 적힌 내용을 들여다봄으로써(현실 세계의 도청에 해당) 우리는 두 컴퓨터(또는 스마트폰) 사이 에 어떤 데이터가 오갔는지 알아낼 수 있으며, 패킷들이 돌아다닌 경로를 추적함 으로써(전문적인 용어로는 이를 '트래픽 분석' 또는 'IP 주소 추적'이라고 하며, 현 실 세계의 미행에 해당) 우리는 누가 어떤 컴퓨터에 언제 접속했는지 알아낼 수 있 다.

인터넷상의 도청을 막아주는 대표적인 기술이 바로 '암호화(encryption) 기술' 이다. 이러한 암호화 기술 중 가장 강력하다고 알려진 것 중 하나가 바로 '종단

암호화 메신저의 비교

암호화(Encryption) 기능이 적용되지 않은 메신저 (예 초기 MSN 메신저)

종단간암호화(End-to-End Encryption) 기능이 적용된 메신저

간 암호화(end-to-end encryption) 기술'이며, 현재 '텔레그램(Telegram)', '카카오톡' 등의 메신저에서 사용되고 있는 기술이기도 하다.

본디 메신저는 송신자로부터 전달받은 메시지를 회사(예를 들면 텔레그램이나 카카오) 내 서버에 임시로 저장했다가 이를 다시 수신자에게 전달한다. "왜 중간에 서버를 거쳐야 하지?"라고 의문을 가질 수도 있는데, 이는 만약

수신자가 통화권 이탈 등 메시지를 즉시 받을 수 없는 상태라면 서버에서 일정 기간 저장하고 이후 수신자가 메시지를 받을 수 있을 때 다시 전송해 줘야하기 때문이다. 또한 멀티 플랫폼 환경, 즉 메신저를 스마트폰, PC 등 다양한 기기에서 이용하는 경우에는 어떤 기기에서 접속하든 간에 과거의 대화 내용을 보이게 해줘야 편리한데, 이렇게 하려면 어딘가에는 내가 과거에 나눴던 대화 내용들을 저장해 두어야하기 때문이다. 물론 모든 대화 내용을 저장해 두지는 않는다. 서버 용량이란 게 한계가 있어서 일정 기간이 지나면 삭제해야 하기 때문이다.

이러한 이유로 일반적인 메신저는 수사기관의 '압수수색'에 매우 취약할 수밖에 없다. 수사기관이 법원으로부터 압수수색 영장을 발부받아 회사 내의 서버들을 압수해 버리면 마치 도청하듯 사용자들의 과거 대화 내용을 모두 들여다볼 수 있으니까 말이다. 그러나 종단 간 암호화 기능을 지원하는 텔레그램 같은 메신저의 경우, 메시지는 송신자의 스마트폰에서 즉시 암호화되고, 이후 서버를 거쳐 수신자 스마트폰에 도착한 후 해독된다. 여담이지만 '해독(cryptanalysis)'이란 표현은 틀린 표현이고, '복호화(decryption)'라고 해야 맞다.

이때 암호를 걸고 풀 수 있는 키는 두 대화 당사자의 스마트폰에만 저장되어 있기 때문에 메시지가 전송되는 중에 이를 가로채거나, 메시지가 일정 기간 머무르는 서버를 압수해 뒤지더라도 암호문만을 얻을 수 있을 뿐 실제 내용이 무엇인지는 알아낼 수 없게 된다. 그래서 미국에서는 이러한 종단 간 암호화를 'warrant-proof encryption'이라고도 부른다. 영장 집행을 불가능하게 하는 암호기술이란 뜻이다.

이와는 별도로 인터넷상에서의 '미행'을 막아주는 대표적인 기술로는 '믹스 넷(Mix Networks)'이라는 기술이 있다. 흔히 영화 속 첩보원들이 미행을 따돌리기 위해 곧바로 목적지로 가지 않고 이리저리 엉뚱한 장소들을 돌아다니면서 가는 것을 볼수 있다. 믹스 넷은 바로 이러한 개념을 실제로 구현해 낸 기술로, 내가 보낸 메일이 바로 상대에게 가지 않고 인터넷상의 여러 지점들을 경유해 가도록 함으로써 추적을 어렵게 한다. 차움 박사는 암호화폐를 제안하기 1년 전인 1981년에 전자메일을 익명으로 수·발신하기 위한 목적으로 이 믹스 넷을 개발했다.

믹스 넷의 동작 원리는 다음과 같다. 봉투에 적혀 있는 정당한 수신자 외에는 그누구도 뜯어볼 수 없는 마법의 편지봉투가 있다고 상상해 보자. 믹스 넷은 이 마법의 봉투를 이용해 메시지를 여러 겹으로 돌돌 싸맨 것이라고 생각하면 된다. 인형안에 똑같은 모양의 크기가 다른 인형들이 계속 들어 있는 마트료시카(러시아 전통 인형)처럼 말이다.

좀 더 구체적으로 알아보도록 하자. 믹스 넷을 이용하는 사용자가 5명이 있고, 이들 각각을 편의상 A, B, C, D, E라고 한다. C에게 은밀하게 메시지를 보내고자 하는 A는 해당 메시지를 우선 C의 이름이 적힌 편지봉투에 넣는다. 그리고 이 봉투를 D의 이름이 적힌 봉투에 넣고, 다시 한번 B의 이름이 적힌 봉투에 넣은 후, 끝으로 E의 이름이 적힌 봉투에 집어넣은 후 E에게 보낸다. 이를 수신한 E는 봉투를 뜯어 내용물을 확인한다. 속에 있는 봉투의 수신인란에는 B의 이름이 적혀 있으므로 B에게 전송한다. 이 편지를 받아 봉투를 뜯어 본 B는 내용물을 확인하고, 수신인란에 적혀 있는 사용자 D에게 보낸다. 이를 수신한 D 역시 봉투를 열고 안에 있는 편지봉투를 확인한 후 C에게 전송한다.

이렇게 하면 메시지는 A에게서 C로 곧바로 가지 않고 E→B→D를 경유해 C에게 전달되므로 최종 목적지에서 봤을 때 메일은 D로부터 온 것처럼 보이게 되며, 수

데이비드 차움의 믹스 넷

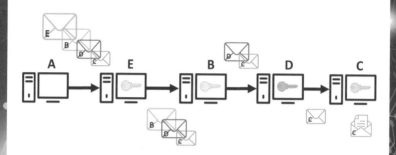

사기관이 이를 역추적하려 해도 D→B→E를 거쳐 실제 사용자의 컴퓨터(A)까지 접근해야 한다. 즉, 믹스 넷을 이용하는 사용자들 모두가 담합하지 않는 한 정확한 송신자와 수신자를 파악하는 것이 어렵게 되는 것이다. 그러면 이런 마법의 봉투는 어떻게 만들 수 있을까? 공개키 암호기술을 이용하면 어렵지 않게 만들 수 있다.

차움 박사의 믹스 넷은 이후 'Onion Routing(양파 껍질 벗기듯 봉투를 하나씩 벗겨가며 주소를 확인해서 보내기 때문에 붙은 이름)', '토어(TOR: The Onion Routing)',

TOR 브라우저를 내려 받을 수 있는 홈페이지.

'I2P(Invisible Internet Project)' 등의 기술을 탄생시키는 기반이 된다. 이 때문에 차움 박사는 '암호화폐의 아버지'로 불리기 훨씬 이전부터 학계에서 '인터넷 익명성의 선구자(The Pioneer of Internet Anonymity)' 또는 '익명 통신의 대부(Godfather of Anonymous Communication)'로 불리어 왔다.

그런데 재미있는 사실은 이러한 믹스 넷을 기반으로 만들어진 Onion Routing 기술은 본디 일반인이 아닌 미국군 및 CIA와 같은 정보기관들이 (특히 해외에서) 인터넷에 은밀하게 접속하기 위한 목적으로 만들어졌다는 것이다. 그러던 것이 전자프론티어재단(Electronic Frontier Foundation, EFF) 등의 후원을 받아 정부의 검열로부터 일반인을 보호하기 위한 '토어' 기술로 진화했고, 이제는 이것이 다크웹(Dark Web)에 접속해 불법 음란물과 마약류, 해킹 도구 등을 구매하는데 악용되고 있으니 참으로 아이러니한 일이 아닐 수 없다.

전자프론티어재단 로고.

1세대 암호화폐,
사토시 나카모토의 비트코인

2008년 미국발 서브프라임 모기지 사태로 인해 유럽, 아시아 등 전 세계 경제가 금융위기를 겪었다. 미국의 부동산 거품이 꺼지기 시작하면서 초대형 모기지론(주택저당대출) 대부업체들이 파산했고 연쇄적으로 금융사나 증권회사들이 큰 타격을 받게 되었다. 경기가 급랭하자 세계 각국은 앞다퉈 금리를 낮추고 돈을 찍어내기 시작했고, 미국 정부는 위기를 유발한 금융기관을 살리기 위해 국민의 세금으로 막대한 금융 구제를 실시하기까지 했다.

ⓑ 비트코인의 등장 배경

글로벌 금융 위기를 헤쳐 나가는 과정에서 금융 기관의 부도덕함과 내가 가진 돈의 가치가 하락하는 것을 그저 지켜볼 수밖에 없었던 사토시 나카모토는 전통 금융의 문제점에 대한 자신의 생각을 인터넷에 올리기도 했다.

> *"기존 화폐는 중앙은행이 화폐 가치를 떨어뜨리지 않을 것이라는 신뢰가 필수적이다. 그러나 기존 법정 화폐의 역사에는 이 믿음을 저버리는 사례로 충만하다. 은행도 신뢰가 있어야 한다. 우리가 맡긴 돈을 잘 보관하고 전달할 것이라는 신뢰. 그러나 은행들은 그 돈을 신용 버블이라는 흐름 속에서 함부로 대출했다."*

이렇듯 은행을 비롯한 전통적 금융기관에 대해 불신이 가득했던 사토시 나카모토는 정부나 은행의 도움 없이도 오롯이 시민들의 힘만으로 동작할 수 있는 탈중앙화 된 전자화폐를 만들기를 원했으며, 그래서 탄생한 것이 앞서 설명한 전설적인 논문 「비트코인: 개인과 개인 간의 전자 화폐 시스템」이다. 이후 그는 2009년 비트코인 프로그램을 개발해 공개하고 50비트코인을 채굴한 뒤, 그 중 10비트코인을 할 피니Hal Finney에게 이체하기도 했다.[2] 비트코인 개발 초기에는 거래량이 그리 많지 않아 실물가치가 형성되는 것이 쉽지 않았으나 1부에서 언급한 것처럼 라슬로 한예

---

2   할 피니: 최초의 비트코인 수령자. 미국의 컴퓨터 프로그래머로 2009년 사토시 나카모토로부터 제일 처음 비트코인을 전송받았다. 2014년 8월 28일 루게릭병으로 사망했다.

츠가 "1만 비트코인을 줄 테니 피자 두 판을 사줄 사람을 찾는다."는 글을 커뮤니티에 올렸고 한 영국인이 25달러에 이를 구매함으로써 세상의 주목을 받기 시작한다. 2011년에는 위키리크스(WikiLeaks), 전자프런티어재단 등 비영리 재단들이 비트코인으로 기부를 받기 시작했으며, 최근 유명 전기자동차 회사인 테슬라가 자사의 차량 구매시 비트코인을 받기로 해 화제가 되기도 했다.[3]

ⒷⳆ 비트코인의 기본적인 동작 원리

비트코인은 한마디로 '차움의 전자화폐(정확히는 가상화폐) 모델에서 은행을 제거하고 그 빈자리를 블록체인 기술로 대신한 것(정확히는 암호화폐)'이라고 요약할 수 있다. 때문에 비트코인에서는 은행이 아닌 블록체인이 위폐 사용자를 탐지하고 막아낸다. 여기서 블록체인은 특정 기업이나 정부가 아닌 모든 비트코인 이용자(정확히는 노드)들이 힘을 합해서 관리하게 되는데, 경찰이 없으면 시민들이 자경단을 구성해 스스로를 보호하는 것을 연상하면 된다.

이때 이용자들의 자발적인 참여를 유도하기 위해 일정 시간 단위로 가장 열심히 일한 사용자를 선정해 비트코인을 인센티브로 지급한다. 열심히 일하면 이득(金)을 얻을 수 있다는 뜻에서 이

---

3 그러나 비트코인 채굴이 환경에 나쁜 영향을 끼친다며 두 달 만에 결제 중단을 선언했다.

를 '채굴(mining)'이라고 부른다.

비트코인과 블록체인의 동작 과정을 조금 더 자세히 살펴보자.

암호화폐, '비트코인' 개요

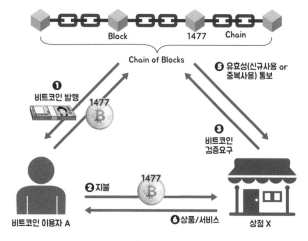

❶ 비트코인 사용자 A, B, C, D, E가 있다고 가정하자. 이들이 인터넷에서 비트코인 프로그램을 내려 받게 되면 각각의 컴퓨터에는 크게 두 종류의 프로그램이 설치되게 되는데, 하나는 일종의 통장 역할을 하는 '전자지갑(cryptowallet)' 프로그램이고, 또 다른 하나는 '인터넷 감시 프로그램'이다. 컴퓨터

에 설치된 감시 프로그램들은 24시간/365일 인터넷을 상시 감시하면서 어떠한 일련번호의 비트코인이 어느 전자지갑 계좌(주소)에서 어느 계좌로 이동했는지 차례로 파일에 기록해 놓는다.[4] 이렇게 코인의 일련번호가 기록된 파일을 '분산장부(distributed ledger)' 혹은 '블록체인'이라고 한다. 이렇게 계좌 간 비트코인의 이동 정보를 기록해 놓는다 하더라도, 인터넷뱅킹과는 달리 비트코인에서는 원칙적으로 '실명확인'을 하지 않기에 익명성이 보장된다는 점에 주의하자.

❷ 만일 누군가 상점이나 전자상거래 사이트를 방문해 비트코인으로 대금을 지불했다면[5] A, B, C, D, E의 컴퓨터에 있는 인터넷 감시 프로그램들은 자동으로 해당 비트코인의 일련

---

4 실제 비트코인에서는 UTXO(Unspent Transaction Outputs, 미사용 출력값) 방식을 쓰기 때문에 일련번호란 것이 존재하지 않으며, 누구에게 얼마만큼의 비트코인을 보내는지에 대한 정보만이 파일에 기록된다. 이때 각 전자지갑 계좌의 잔액은 다음과 같이 계산해 낼 수 있다. 당초 100비트코인이 있던 계좌 A에서 계좌 B로 10비트코인, 계좌 C로 30비트코인을 송금했고, 계좌 D로부터는 50비트코인을 송금 받았다고 가정하자. 이럴 경우 현재 계좌 A에 있는 잔고는 100-(10+30)+50 = 110비트코인이 된다. 지불과 관련한 요청이 들어 왔을 때 비트코인에서는 해당 지갑 계좌의 UTXO를 검사하여 이전에 이미 같은 지불 요청에 대해 거래가 완료된 내역이 있는지, 또 UTXO 잔고가 충분한지 등을 검사함으로써 유효성을 확인한다. 비트코인과는 달리 뒤에서 설명할 이더리움에서는 '스마트 계약(smart contract)' 기능 등을 지원하기 위해 '계좌 잔고 방식(Account Balance Model)'을 사용한다. 하지만 본 책에서는 독자들의 이해를 쉽게 하기 위해 개별 비트코인에 일련번호가 부여되어 있다고 가정한다.

5 비트코인을 사용한다는 것은 인터넷뱅킹에서의 계좌이체와 매우 유사하다. 수신자의 전자지갑 계좌번호와 송금액을 입력한 후, 송신자의 개인키(private key)로 전자서명을 생성하면 비트코인 전송이 완료된다.

비트코인에서의 위폐 사용 탐지 원리

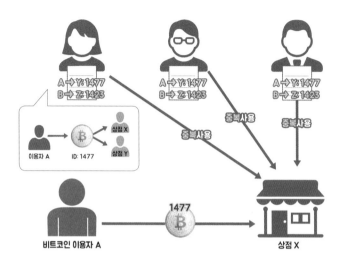

번호를 확인해 자신들이 갖고 있는 파일과 대조해 본다. 만일 해당 비트코인이 과거에 사용된 적이 있는 코인이라면 A, B, C, D, E의 감시 프로그램은 이를 상점에 통보해 준다. 사용된 적이 없는 코인이라면 그것의 일련번호를 각자의 파일에 기록한다.

Ⓑⅇ 블록체인 최대의 난제, 비잔틴 장군 문제

그런데 여기서 문제가 하나 있다. 비트코인 이용자들 중에는 전기 사용료를 부담해 가며 컴퓨터를 계속해서 켜두거나 본인의 하드디스크 공간을 허비해서 파일을 저장해 두는 것을 꺼려하는 사람이 있을 수 있다는 것이다. 또는 그 지역에 정전이 와서 의도치 않게 컴퓨터가 꺼질 수도 있다.

이럴 경우 개별 사용자들의 컴퓨터에 보관돼 있는 파일의 내용이 서로 다르게 돼 의견이 불일치하는, 즉 똑같은 비트코인에 대해 어떤 사용자는 과거에 사용된 적이 있다고 하고 또 다른 사용자는 사용된 적이 없다고 하는 경우가 발생하게 된다. 이처럼 분산돼 있는 컴퓨터상의 데이터가 실수이건 고의이건 불일치하는 현상을 '비잔틴 장군 문제(Byzantine generals problem)'라고 한다.[6]

이러한 비잔틴 장군 문제를 해결하기 위해 비트코인에서는 주기적으로(예를 들어 1시간 단위로) 파일을 회람해 본인이 작성한 것과 다른 사람의 것을 서로 대조해 봄으로써 파일의 정확성을 검증한다. 만일 서로 다른 파일이 발견되면 '다수결의 원칙'에 따라 옳은 파일을 선정한다. 이 과정을 단순화시켜 살펴보면 다음과 같다.

❶ 사용자 A, B, C, D, E의 컴퓨터에 설치된 인터넷 감시 프로그램들은 각자 '블록(block)'이라고 불리는 6MB 크기의 파일을 준비한다. 이들은 인터넷을 감시하면서 1시간 동안 관찰

---

6 이 이름은 논문에서 여러 장군들이 한 도시를 동시에 공격할 때 설령 배신자가 발생해도 작전이 실패하지 않도록 충직한 장군들이 얼마나 있어야 하는지, 어떤 규칙으로 교신해야 하는지를 예시로 다루었기에 붙게 되었다.

비잔틴 장군 문제

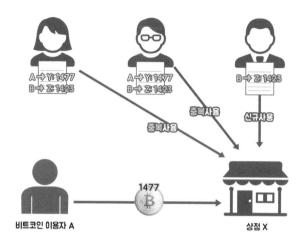

된 비트코인들의 일련번호를 자신들의 파일에 기록한다.[7]

❷ 이중 A의 컴퓨터가 가장 먼저 이 작업을 완료했다고 하자. A는 작업을 마친 자신의 블록을 B, C, D, E에게 전송한다. 그러면 이를 수신한 사용자들은 자신들이 작성하고 있던 블록과 A의 블록을 대조해 봄으로써 A가 관찰한 비트코인 사용 내역이 옳은지 확인한다. B, C, D, E 모두가 옳다고 하면 A의 블록은 지난 1시간 동안의 정당한 비트코인 사

---

7 실제 비트코인(정확히는 '나카모토 블록체인')에서 블록의 크기는 1MB며, 블록의 생성 주기는 10분이다. 이 예제에서의 1시간은 10분(나카모토 블록체인에서의 블록 생성 주기)에 6개(비트코인 결제가 최종 확정되는데 필요한 후속 블록 개수)를 곱한 값이다.

용 기록으로 인정돼 모든 사용자들의 컴퓨터 하드디스크에 저장된다. 이렇게 만들어진 최초의 파일을 '제네시스 블록 (genesis block)'이라고 한다.

❸ 또 다시 1시간이 지났고, 이번에는 B의 컴퓨터에 설치된 감시 프로그램이 1시간 동안의 비트코인 이용 내역을 가장 먼저 블록으로 만들어 다른 사용자들과 공유했다고 가정하자. 만일 A, C, D, E 모두가 이를 옳다고 인정하면 B가 공유한 블록은 '해시 함수(hash function)'라는 기술을 이용해 앞서 A가 공유했던 블록과 사슬(chain)처럼 연결되게 된다. 이때 Ⓐ-Ⓑ를 '블록체인(blockchain)'이라고 하는데, 이렇게 두 개의 블록이 연결되고 나면 해당 블록에 기록된 정보들을 수정하거나 삭제하는 것은 구성원 모두가 동의하지 않는 한 불가능하다. 이를 '불변성(immutability)' 특성이라고 한다. 또한 이렇게 연결된 블록체인 Ⓐ-Ⓑ는 은행의 중앙 서버가 아닌 모든 구성원들의 컴퓨터에 똑같이 저장되게 되는데, 이로 인해 블록체인에 기록된 내용들은 구성원들 모두에게 투명하게 공개된다. 이를 블록체인의 '투명성(transparency)' 특성이라고 한다.

❹ 다시 1시간이 지났다. 이번에는 거의 같은 시각에 사용자 C의 컴퓨터와 D의 컴퓨터가 블록을 만들어 다른 사용자들과 공유했다고 가정하자. 그런데 C가 공유한 블록에는 1시간 동안 1만 건의 비트코인 거래가 발생했다고 기록돼 있

는 반면, D가 공유한 블록에는 총 9천 건의 거래가 발생했다고 되어 있다. 즉, 둘 중 하나에는 발생한 거래가 누락돼 있거나 아니면 실제로는 발생하지 않은 거래가 발생했다고 허위로 기록돼 있는 것이다. 다수결에 따라 어느 블록이 옳은지를 결정하기 위해 구성원들은 '인터넷 투표'에 들어간다. 투표 결과 대다수의 사용자들이 D가 만든 블록이 옳다고 인정하면, D의 블록은 해시 함수 기술을 이용해 기존의 블록체인 Ⓐ-Ⓑ의 뒤에 붙게 되고, 이제 블록체인은 Ⓐ-Ⓑ-Ⓓ와 같은 모양을 띄게 된다. 또한 Ⓐ-Ⓑ-Ⓓ 블록체인은 다시 모든 구성원들의 컴퓨터에 똑같이 저장됨으로써 불변성과 투명성이 보장된다.

❺ ①부터 ④까지의 과정이 무한히 반복된다.

이상에서 살펴봤듯 비트코인에서는 모든 구성원들이 투표를 통해 장부를 동기화한 후 이를 바탕으로 비트코인 결제를 최종 승인(확정)하게 된다. 하지만 이러한 일련의 절차들은 필연적으로 '비트코인 거래승인 지연 문제'를 야기한다. 이러한 지연은 이용자 수가 많으면 많을수록 더욱 심해지게 되는데 이 현상을 '확장성(scalability) 문제'라고 한다. 때문에 블록체인에서는 인터넷 투표 권한을 구성원 전체가 아닌 일부로 제한한다거나[8] 블록체인 이외에

---

8   이를 '허가형 블록체인(permissioned blockchain)'이라고 한다.

별도의 레이어(layer)를 추가하는 식으로[9] 이 문제를 개선해 나가고 있다.

ⓑ 인터넷상 합의를 어렵게 하는 요인, 시빌 공격

비트코인은 다수결에 따라 어느 블록이 옳은지를 결정하기 위해 인터넷 투표 기술을 활용한다. 그런데 인터넷과 같은 비대면 환경에서는 이러한 투표를 통한 '자발적 합의(consensus)'가 생각만큼 쉽지 않다. 얼굴이 보이지 않기 때문에 불순한 의도를 가진 사용자가 허위로 여러 개의 ID를 만들어 틀린 블록을 옳다고 투표할 경우 제대로 된 위폐 감시가 어렵게 되는 것이다. 이를 전문적인 용어로 '시빌 공격(sybil attacks)'이라고 한다.[10]

사토시 나카모토는 이러한 문제를 해결하기 위해 사용자들이 블록에 투표할 때마다 반드시 캡차(CAPTCHA)와 같은 복잡한 암호퍼즐(crypto puzzle)을 풀게끔 설계해 놓았는데, 이를 '작업증명(PoW, Proof of Work)'이라고 한다. 즉, 가짜 계정을 만든 사람이 허위로 여러 사람인 것처럼 위장하기 위해서는 그만큼 여러 개의 암호퍼즐을 빠른 시간 안에 혼자서 풀어내야하므로 투표 조작이 어렵도록 한 것이다.

---

9 이를 '레이어-2 확장성 솔루션'이라고 한다.

10 네트워크 해킹 공격의 일종으로, 어떤 특수 목적을 얻기 위해 한 사람의 행위를 여러 사람의 행위인 것처럼 속이는 공격을 뜻한다. '드루킹' 일당이 여러 개의 허위계정을 이용해 댓글을 조작한 경우를 생각할 것.

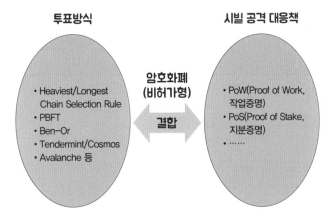

블록체인을 설계하는 다양한 방법

투표방식

- Heaviest/Longest Chain Selection Rule
- PBFT
- Ben–Or
- Tendermint/Cosmos
- Avalanche 등

암호화폐 (비허가형)

결합

시빌 공격 대응책

- PoW(Proof of Work, 작업증명)
- PoS(Proof of Stake, 지분증명)
- ……

　　사실 작업증명 방식 자체는 블록체인과는 별도의 기술로 개발됐었다. 1993년 이스라엘의 암호학자 모니 나오Moni Naor 팀은 스팸 메일의 대량 발송을 막기 위한 수단으로 작업증명 기술을 만든다. 스팸 메일을 보낼 때마다 퍼즐을 하나씩 풀라고 하면 대량으로 보내기가 어려워 하지 못할 것이라고 생각했던 것이다. 하지만 모든 공격을 막기 쉽지 않았고, 당시 시스템을 구현하지 못해 실용화 되지는 못했다. 아이러니하게도 작업증명 기술은 사토시 나카모토를 만나 실용화되는 데 성공한 것이다.

실제 비트코인 제네시스 블록은 어떻게 생겼을까?

제네시스 블록은 블록체인에서 생성된 첫 번째 블록을 일컫는다. 비트코인의 경우 2008년 10월 30일 사토시 나카모토가 작성한 비트코인 백서가 발표되었고, 약 2개월 뒤인 2009년 1월 3일에 다음과 같은 제네시스 블록이 생성되었다.

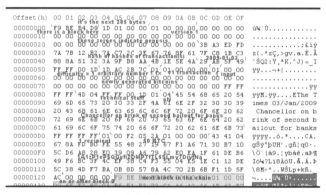

비트코인의 제네시스 블록. © Reddit

비트코인 제네시스 블록에는 일반 데이터와 함께 다음의 문구가 16진수 형태로 적혀있다.

> 2009년 1월 3일/더 타임스, 은행들의 두 번째 구제금융을 앞두고 있는 U.K 재무장관(The Times 03/Jan/2009, Chancellor on brink of second bailout for banks)

해당 글은 2009년 1월 3일 실제 영국 타임스지 1면의 뉴스 헤드라인이다. 비트코인의 개발 동기가 명시적으로 알려진 바는 없다. 그러나 비트코인 제네시스 블록에 영국의 공적자금 투입을 통한 은행의 재정 원조 관련 기사 내용이 포함돼 있는 것으로 보아, 사토시 나카모토는 정부의 필요에 따라 임의로 발행량 증가가 가능

영국의 일간지 '더 타임스'.

한 현재의 화폐 시스템을 개혁하고자 비트코인을 발표한 것이 아닌가 하는 추정들을 하고 있다. 또한 소수의 영국 사람들만 사용하는 '챈슬러(Chancellor, 장관)'라는 대중적이지 않은 단어를 쓴 것으로 보아 그가 영국인일지도 모른다는 추측을 낳고 있다. 헤드라인 문구 아래에는 '1A1zP1eP5QGefi2DMPTfTL5SLmv7DivfNa'라는 계좌(주소)로 50비트코인(BTC)을[1] 송금한다는 내용의 거래 기록이 표시돼 있다. 많은 사람들은 이것이 2009년 1월 3일에 만든 사토시 나카모토의 전자지갑 계좌 번호일 것으로 보고 있으며, 실제 사토시 나카모토 본인만이 이에 대응하는 개인키를 소지하고 있을 것으로 생각하고 있다.

---

1   비트코인의 화폐 단위는 BTC로 표시한다.

Ⓑ 구성원들의 자발적 참여를 유도하기 위한 방법, 채굴

비트코인에서는 은행이 아닌 모든 비트코인 이용자들이 십시일반 힘을 합해 위폐 사용자를 탐지하고 막아낸다. 그런데 문제는 이러한 과정들을 자발적으로 하게끔 유도하는 것이 생각만큼 쉽지 않다는 것이다. 사토시 나카모토는 이를 위해 옳은 블록을 가장 처음 만든 사람에게 일종의 인센티브로서 비트코인을 제공했다. 이처럼 온전한 블록을 제일 먼저 생성해 공유한 대가로 암호화폐를 받는 행위가 앞에서도 언급한 '채굴'이다. "비트코인과 블록체인은 기술적으로 분리할 수 없다."는 얘기는 바로 여기서 기인한 것이다.

하지만 블록을 만들 때마다 계속해서 보상으로 비트코인을 지급할 경우 인플레이션에 빠질 수 있다. 사토시 나카모토는 이러한 물가상승 문제를 막기 위해 약 4년마다 인센티브가 절반으로 떨어지도록 비트코인을 설계해 놓았다. 이에 따라 2009년 초기 인센티브가 50비트코인이었던 것이 2013년에는 25비트코인, 2016년에는 12.5비트코인으로 계속해서 줄어들게 되는데, 이를 '반감기(半減期)'라고 한다. 이렇듯 끊임없이 반으로 줄어들게 되면 2140년까지 약 2100만 개의 비트코인이 모두 인센티브로 지급되고, 이후부터는 더 이상 보상으로 줄 암호화폐가 없게 된다. 사토시 나카모토는 이럴 경우 비트코인 사용시마다 일정 수수료를 떼 보상금을 충당할 수 있도록 프로그램을 만들었다.

이상의 내용들을 종합해서 블록체인 생성 및 확인 절차를 다시 한번 설명해 보면 다음과 같다.

❶ A, B, C, D, E의 컴퓨터는 각자 인터넷을 감시하면서 1시간 동안 관찰된 비트코인들의 일련번호를 자신들의 블록에 각각 기록한다.

❷ 이중 A의 컴퓨터가 가장 먼저 이 작업을 완료했다고 하자. A는 작업을 마친 자신의 블록을 B, C, D, E에게 전송한다. 그러면 이를 수신한 사용자들은 자신들이 작성하고 있던 블록과 A가 보낸 블록을 대조해 봄으로써 A가 관찰한 비트코인 사용 내역이 옳은지 여부를 확인한다. 모두가 옳다고 하면 A의 블록은 지난 1시간 동안의 정당한 비트코인 사용 기록으로 인정돼 모든 사용자들의 컴퓨터에 저장된다. 그리고 인센티브 50비트코인은 A의 전자지갑 계좌로 자동 입금된다.[11]

❸ 또 다시 1시간이 지났고, 이번에는 B의 컴퓨터에 설치된 감시 프로그램이 1시간 동안의 비트코인 이용 내역을 가장 먼저 블록으로 만들어 다른 사용자들과 공유했다고 하자. 만일 A, C, D, E 모두가 이를 옳다고 인정하면 B가 공유한 블록은 앞서 A가 공유했던 블록에 연결된다. 그리고 인센

---

11 2021년 9월 기준으로 인센티브는 6.25비트코인이다.

티브 50비트코인은 B의 계좌로 자동 입금된다.

❹ 다시 1시간이 지났다. 이번에는 거의 같은 시각에 사용자 C의 컴퓨터와 D의 컴퓨터가 서로 다른 블록을 만들어 사용자들과 공유했다고 가정하자. 이제 어느 블록이 옳은지를 결정하기 위해 구성원들은 '인터넷 투표'에 들어간다. 투표 결과 대다수의 사용자들이 D가 만든 블록이 옳다고 인정하면, D의 블록은 기존의 블록체인 Ⓐ-Ⓑ의 뒤에 붙게 되고, 이제 블록체인은 Ⓐ-Ⓑ-Ⓓ와 같은 모양을 띄게 된다. 또한 Ⓐ-Ⓑ-Ⓓ 블록체인은 다시 모든 구성원들의 컴퓨터에 똑같이 저장되게 되며, 인센티브 50비트코인은 D의 전자지갑 계좌로 입금된다.

❺ ①부터 ④까지의 과정이 무한히 반복된다.

Ⓑ 나카모토 블록체인은 왜 나뭇가지 모양일까?

앞서 말했듯 분산돼 있는 컴퓨터상의 데이터가 실수건 고의건 불일치하는 현상을 '비잔틴 장군 문제'라고 한다. 블록체인에서 비잔틴 장군 문제를 해결하는 방법은 크게 두 가지가 있는데, 첫째는 '선 투표, 후 연결' 방식이다. 이 방식에서는 사용자들이 주기적으로 서로의 장부(일명 블록)를 교환해 비교한 후, 서로 다른 장부가 발견되면 투표로 옳은 장부를 결정한다. 이렇게 매 주기마다 투표를 통해 선정된 장부들은 해시 함수를 이용해 시간 순으로 사슬처럼 연결(일명 블록체인)된다.

　예를 들어 현재 블록체인이 Ⓐ-Ⓑ와 같은 형태이고, 사용자 C
와 D가 각각 파일을 만들어 다른 사용자들과 공유했다고 하자.
그런데 C가 만들어 공유한 파일에는 9건의 비트코인 거래가 발생
했다고 기록돼 있는 반면, D가 공유한 파일에는 총 10건의 거래
가 발생했다고 되어 있다. 즉 둘 중 하나에는 발생한 거래가 누락
돼 있거나 아니면 실제로는 발생하지 않은 거래가 발생했다고 허
위로 기록돼 있는 것이다. 어느 파일이 옳은지를 결정하기 위해
구성원들은 투표에 들어간다. 만일 투표 결과 대다수의 사용자들
이 D가 만든 파일이 옳다고 했다면, D의 파일은 Ⓐ-Ⓑ의 뒤에 연
결돼 Ⓐ-Ⓑ-Ⓓ와 같은 모양을 띠게 된다. 이제 블록체인 Ⓐ-Ⓑ-
Ⓓ는 모든 구성원들의 PC에 저장돼 투명성을 갖게 되며, 이러한
과정이 무한히 반복된다.

　비잔틴 장군 문제를 해결하는 두 번째 방법은 다른 내용의 장
부들이 발견되다 하더라도 일단 사슬처럼 연결한 후 나중에 투표
하는 방식, 즉 '선 연결, 후 투표' 방식이다. 이전과 마찬가지로 현
재 블록체인이 Ⓐ-Ⓑ인 상태에서 서로 다른 블록 Ⓒ와 Ⓓ가 발견
됐다고 가정하자. 그런데 이번에는 앞서와는 달리 곧바로 투표에
들어가지 않고 일단 두 블록을 모두 Ⓐ-Ⓑ 뒤에 연결한다.

다시 시간이 지났다. 이번에는 E가 가장 먼저 블록을 만들었으며 이를 다른 사용자들과 공유하려고 한다. 이때 E는 자신의 블록을 ⓒ 또는 ⓓ 뒤에 연결해야 하는데 ⓒ와 ⓓ중 ⓓ블록이 옳다고 판단한 E는 자신의 ⓔ를 ⓓ 뒤에 해시 함수로 연결한다. 이러한 과정이 매 주기마다 반복되면 블록체인은 나뭇가지 모양을 띠게 되는데, 이 경우 가장 긴 줄에 있는 블록들이 옳은 것으로 인정받는다. 일명 '가장 긴 체인 규칙(longest chain rule)'이라고도 한다.

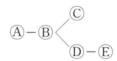

후자와 같은 방식을 우리는 '나카모토 블록체인'이라고 하며, 이는 비트코인에서 사용하고 있는 것이기도 하다. 그렇다면 사토시 나카모토는 왜 이런 방식을 선택했을까?

선 투표 후 연결 방식의 경우, 투표 결과가 확정된 후 신규 블록이 기존 블록들에 연결되므로 후에 판정이 번복되는 문제는 발생하지 않는다. 그러나 일부 사용자들의 표가 도착하지 않을 경우 이것이 기권인지, 아직 투표를 안 한 것인지, 아니면 통신지연 때문인지를 구분할 수 있는 방법이 없기에 이는 곧 무한대기 문제를 야기할 수 있다. 이를 '생존성(liveness 또는 termination) 문제'라고 한다. 반면 선 연결 후 투표 방식의 경우, 생성된 블록은 우선 체인상에 연결되고 이후에 투표가 시작되므로 무한대기 문제는 발

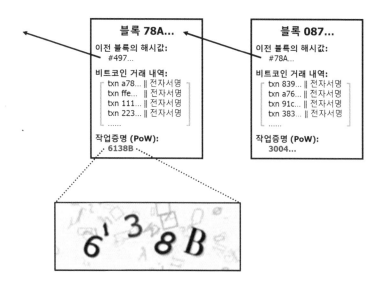

나카모토 블록체인에서의 블록 구조

블록 78A...

이전 블록의 해시값:
#497...

비트코인 거래 내역:
txn a78... ‖ 전자서명
txn ffe... ‖ 전자서명
txn 111... ‖ 전자서명
txn 223... ‖ 전자서명
......

작업증명 (PoW):
6138B

블록 087...

이전 블록의 해시값:
#78A...

비트코인 거래 내역:
txn 839... ‖ 전자서명
txn a76... ‖ 전자서명
txn 91c... ‖ 전자서명
txn 383... ‖ 전자서명
......

작업증명 (PoW):
3004...

생하지 않는다.

하지만 이론적으로 긴 줄은 언제든 바뀔 수 있기에 판정번복 문제가 생길 수 있다. 이는 '안정성(safety 또는 consensus finality) 문제라고도 한다. 여담이지만 나카모토 블록체인에서도 시빌 공격은 발생할 수 있다. 즉, 불순한 의도를 가진 사용자가 여러 개의 ID를 통해 다수의 블록을 임의로 생성하고 이를 짧은 줄에 있는 블록에 연결할 경우, 기존의 판정을 번복하는 것이 가능해진다. 이를 막기 위해 나카모토 블록체인에서는 블록을 생성할 때마다 암호

다양한 형태의 블록체인들

(a) Bitcoin

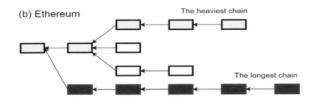

(b) Ethereum

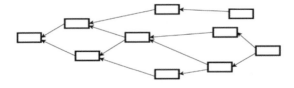

(c) IOTA

(d) PBFT-style blockchains

퍼즐을 풀고 '퍼즐을 풀었다는 증명(일명 작업증명 값)'을 블록 내에 첨부토록 하고 있다.

여기서 우리는 이 두 가지 모두를 해결할 수 있는 합의방식은 없겠느냐고 반문할 수 있다. 하지만 1985년에 발표된 FLP(Fischer-Lynch-Patterson) 이론에 따르면 인터넷과 같이 전송한 데이터가 모든 컴퓨터에 같은 시간 안에 도달하는 것을 보장하지 못하는 비동기 네트워크상에서 이는 불가능하다.

그렇다면 비트코인은 왜 선 연결 후 투표 방식의 블록체인을 선택했을까? 기존 화폐시스템의 대체제로서 비트코인을 개발했던 사토시 나카모토는 "결제에 있어 무엇보다 중요한 것은 정해진 시간 안에 반드시 종료하는 것"이라고 생각했으며 이에 지금과 같은 나뭇가지 모양의 블록체인을 선택하게 된다. 비트코인 외에 이더리움도 이러한 방식을 채택하고 있지만 BFT(Byzantine Fault Tolerance) 계열의 합의방식에 기반한 코스모스(Cosmos) 등은 선 투표 후 연결의 형태를 띤다.

블록체인의 핵심 가치는 '합의에 바탕을 둔 탈중앙화'라 할 수 있다. 그러나 이상적인 합의 방식을 설계하는 일은 결코 쉬운 일이 아니며 매우 깊은 수준의 이론적 분석을 요구한다. 지금 이 순간에도 다양한 형태의 블록체인들이 연구·개발되고 있으며, 모두 저마다의 독특한 투표 방식을 내장하고 있다. 허울뿐이 아닌 진정한 의미의 블록체인 강국이 되기 위해서는 우리도 이제 블록체인 원천 기술 연구에 보다 많은 관심을 가져야 하지 않을까 싶다.

4년 만의 비트코인 업그레이드, 무엇이 바뀔까?

얼마 전 세계 비트코인 채굴자들이 2017년 세그윗(SegWit) 업데이트 이후 4년 만의 비트코인 업그레이드를 공식 승인했다. 이 업그레이드는 2021년 11월부터 시행되었는데, 비트코인의 한계점으로 지적됐던 느린 거래처리 속도를 해결하는 한편 중간 상인이 필요 없는 스마트 계약의 가능성을 열어 거래의 익명성도 한 단계 더 높였다는 평가를 받았다.

이번 업그레이드에서의 핵심은 '슈노르(Schnorr)' 전자서명 기술의 도입이다. 처음 비트코인이 만들어졌을 당시에는 전자서명 알고리즘으로 'DSA(Digital Signature Algorithm)'의 변형인 'ECDSA(Elliptic Curve Digital Signature Algorithm, 타원곡선 전자서명 알고리즘)'를 사용했다.[1]

미국의 표준 전자서명인 DSA와 ECDSA는 그 형태가 최초의 이산대수 문제(Discrete Logarithm Problem) 기반 전자서명 알고리즘인 '엘가말(El Gamal)' 및 당시 가장 효율적인 것으로 알려졌던 슈노르 전자서명과 매우 유사하다. 실제로 슈노르 전자서명을 개발한 독일의 클라우스 피터 슈노르Claus-Peter Schnorr 교수는 항상 미국의 DSA와 ECDSA가 자신의 특허를 침해했다고 주장하곤 했다.

DSA 개발 당시 미국 정부는 자국의 표준 전자서명을 지원하는 상용 전자결재 소프트웨어나 하드웨어 제품이 적대국에 의해 비밀통신용 암호장비로 전용되는 것을 가장 우려했다. 이를 방지하려다 보니 DSA와 ECDSA는 엘가말이나 슈노르 전

---

1 타원곡선 전자서명이란 타원곡선(elliptic curve)을 이용한 전자 서명 알고리즘을 말한다. 160비트 길이의 키만으로도 1024비트의 키를 사용하는 RSA 방식과 대등한 안전성을 유지하지면서 처리 속도를 빨리 할 수 있어 휴대기기나 블록체인에서 많이 활용된다.

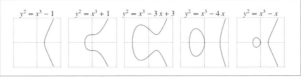

다양한 형태의 타원곡선들 © PERPETUAL ENIGMA

자서명에 비해 다소 복잡한 구조를 갖게 됐으며, 덕분에 서명 생성 및 검증에 있어 효율성이 떨어지게 됐다.[2]

그러나 이들이 슈노르 전자서명 알고리즘으로 대체되면서 비트코인의 처리 속도는 상당부분 개선될 전망이다. 특히 슈노르 전자서명은 여러 개의 거래에서 발생한 전자서명들을 각각 따로 처리하지 않고 하나로 합쳐 한꺼번에 처리하는 것이 가능하기 때문에(이를 일컬어 '다중 전자서명' 기능이라고 함), 처리속도는 훨씬 더 빨라질 수 있으며 블록체인 상에 개별 거래에 대한 서명 값 및 관련 키가 노출되지 않아 거래의 익명성을 강화하는데 있어서도 더 용이하다.

또 하나의 중요 업데이트는 '탭루트(Taproot)'의 도입이다. 탭루트는 2016년에 제안된 '마스트(MAST: Merklized Abstract Syntax Tree)'를 개량한 것으로서, '머클 트리(Merkle Tree)' 기술과 '추상 구문 트리(AST: Abstract Syntax Tree)', 그리고 '트윅드 키(Tweaked Key)'를 이용해 익명성과 효율성을 향상시켰다. 탭루트를 이용할 경우, 사용자는 스마트 계약상에 표시된 여러 실행 조건들 중 필요한 조건들만을 선택적으로 공개하는 것이 가능하기 때문에 익명성이 강화된다. 또한 스마트 계약 실행 시 모든 조건들을 일일이 확인할 필요가 없으므로 수행 속도도 개선되는 효과가 있다. 물론 이러한 개선은 이미 마스트에서 이루어진 것들이다. 하지만 이번 탭루트 업데이트에서는 더 이상 32바이트의 추가 해시값을 블록체인이나 스마트 계약 자체에 포함할 필요가 없도록 함으로써 효율성을 향상시켰으며, 스마트 계약의 실행조건이 하나인지 또는 여러 개인지의 여부 또한 감출 수 있게 만들어 프라이버시를 보다 강화할 수 있도록 했다.

창시자인 사토시 나카모토 없이도 비트코인은 이렇게 쉼 없이 진화하고 있다. 이 과정에서 누구든 아이디어를 낼 수 있고, 구성원 대다수가 이에 동의하면 실제로 반영된다. 특정한 개인이나 기관 없이도 지속적으로 자가 발전해 나갈 수 있는 힘을 갖고 있다는 것. 바로 이것이 블록체인의 본질이 아닐까?

---

2   하지만 1993년 구스타부스 시몬스Gustavus J. Simmons는 「The Subliminal Channels in the U.S. Digital Signature Algorithm(DSA)」 및 「Subliminal Communication is Easy Using the DSA」란 논문에서 DSA 또한 당초 의도와는 달리 쉽게 비밀통신용 암호장비로 전용될 수 있음을 보인 바 있다.

2세대 암호화폐,
비탈릭 부테린의 이더리움

2세대 암호화폐라 불리는 '이더리움(Ethereum)'은 러시아계 캐나다인인 비탈릭 부테린Vitalik Buterin에 의해 처음 만들어졌다. 어렸을 때부터 수학, 프로그래밍 그리고 경제학 분야에서 타고난 실력을 보였던 그는 17살 때인 2011년 프로그래머인 아버지에게 처음 비트코인에 대한 이야기를 들은 뒤 19세가 되던 2013년에 이더리움의 설계도에 해당하는 백서를 발간하였으며, 2년 후인 2015년에 이더리움을 만들어 일반에 공개했다. 한 19세 소년의 아이디어에서 시작된 이더리움은 현재 비트코인에 비견되는 분산 경제의 핵심 플랫폼 중 하나로 성장했다.

비트코인의 창시자인 사토시 나카모토와는 달리 암호화폐보다 블록체인에 더 많은 관심을 갖고 있었던 비탈릭 부테린은 블록체인상에 단순히 암호화폐의 거래 내역만 기록되는 것이 아니

라 다양한 컴퓨터 프로그램 코드(일명 스마트 계약)가 저장되고 실행될 수 있도록 하였다. 조금 더 정확히 말하면 이더리움에서는 모든 사용자의 컴퓨터에 자바(Java)에서처럼 EVM(Ethereum Virtual Machine)이 라는 가상머신이 설치돼 있으며, 프로그램 코드는 이 EVM상에서 실행된다. 한 사용자의 컴퓨터에서 스마트 계약 코드가 실행되고 나면 이 결과는 다시 블록체인에 저장·공유되기 때문에, 다른 사용자들이 이전의 작업을 계속 이어서 수행해 나가는 것이 가능하 다.

예를 들어 인터넷 포털 사이트에서 제공하는 계산기 서비 스를 이용한다고 상상해 보자. 1부터 10까지 더한다고 할 경우 1+2+3+4+5+6+7+8+9+10을 입력하면 포털 사이트 서버의 계산기 프로그램은 이들의 총합 55를 계산해 사용자 PC로 보내 준다. 그런데 만일 계산 과정상의 오류 또는 서버 관리자의 의도적인 조작에 의해 오답이 발생했다면 우리는 이를 어떻게 알 수 있을까? 포털 사이트가 제공하는 계산기 서비스를 이용하지 않고 탈중앙화된 방식으로 총합을 정확히 계산할 수 있는 방법은 없을까?

불가능할 것 같지만 이더리움의 스마트 계약을 이용하면 간단하다. 우선 1+2+3+4+5+6+7+8+9+10을 계산하는 프로그램 코드를 만든 후, 이를 이더리움 블록체인상에 등록한다. 이때 각각의 덧셈 연산에는 암호화폐 보상금(일명 '가스')이 걸려있어서, 해당 연산을 가장 먼저 수행하는 사람이 그에 걸린 보상금을 갖게 된다. 이 프로그램은 블록체인이 갖는 투명성 성질로 인해 이더리움 사용자라면 누구든 볼 수 있으며, 일단 한번 공표된 보상금은 블록체인의 불변성 특성으로 인해 무효화될 수 없다. 프로그램 개발자와 이더리움 사용자들 사이에 일종의 계약 관계가 성립되는 것이다.

만일 이더리움 사용자중 A가 가장 먼저 1+2를 실행했다면 보상금은 A의 전자지갑으로 보내지게 되고 중간 결과값 3은 블록체인상에 저장·공유된다. 이어서 사용자 B가 가장 먼저 직전의 중간 결과값 3에 3을 더해 6을 계산한 후 이를 블록체인에 저장했다면 두 번째 현상금은 B에게 돌아간다. 계속해서 다음번 현상금 수령자는 중간값 6에 4를 더한 결과를 가장 먼저 계산해 낸 사람이 되며, 이 과정은 최종 10이 더해질 때까지 반복된다. 이때 계산이 제대로 이루어져 올바른 중간값이 도출됐는지 여부는 구성

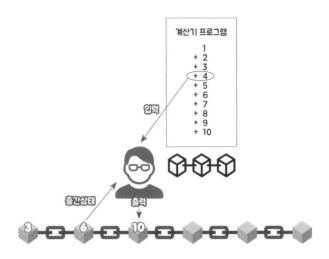

이더리움 스마트 계약의 동작 원리

원들의 투표를 통해 결정된다. 만일 내 프로그램이 더 빨리 수행되기를 원한다면 더 많은 보상금을 걸면 된다.

　대중에게 멀고 어렵게만 느껴졌던 스마트 계약을 실생활에서 이용하는 방법을 훌륭하게 보여준 첫 번째 사례가 바로 캐나다의 개발사 액시엄젠(Axiom Zen)이 내놓은 '크립토키티(CryptoKitties)'라는 게임이다. 2017년 11월에 출시돼 이더리움 네트워크를 마비시킬 정도로 선풍적 인기를 끌었던 크립토키티는 디지털 고양이를 수집하거나 교환할 수 있는 펫 수집·육성 게임의 일종으로 구조 자체는 단순하다. 암호화폐를 이용해 각자 고유한 유전자를 갖고 있

액시엄젠의 크립토키티.

는 고양이들을 사서 수집하고, 서로 다른 종과 교배해 새로운 유전자를 지닌 종을 탄생시키면 된다. 마음에 들지 않으면 팔면 되고, 원하는 고양이가 있다면 사면 된다. 그러나 기존 펫 게임들과 다른 점은 스마트 계약 기술을 사용하므로 한 번 구매하고 나면 각 고양이들은 게임 회사가 망하더라도 영원히 내 것이 되며 중단됨이 없이 영구히 동작한다. 또한 불법 복제나 위·변조도 불가능하다. 즉 게임 아이템이 영구히 내 재산이 되는 것이다. 바로 이러한 특징으로 인해 크립토키티 출시 이후 1만 달러 이상의 고양이가 100마리 이상 거래됐고, 심지어 몇몇 이용자들은 10만 달러 이상의 고양이를 거래하기도 했다(2018년 4월 기준).

구글과 애플이 직접 스마트폰 앱들을 만들지 않고 구글 플레이스토어나 애플 앱스토어를 통해 다른 개발자들이 자신이 만든 앱을 업로드 할 수 있는 공간만을 제공하듯, 이더리움은 사람들이 개발한 스마트 계약 프로그램을 올릴 수 있는 공간을 제공한다. 바로 이러한 이유로 이더리움은 비트코인과 같이 단순한 화폐가 아니라 '화폐인 동시에 플랫폼', '다른 코인의 개발을 도와주는 코인', '월드 컴퓨터(the world computer)' 등으로 불리며, 혹자는 비트코인을 '황금'에, 이더리움을 '석유'에 비유하기도 한다.

또한 이더리움 블록체인에 등록된 스마트 계약 프로그램들은 아이템 등을 거래할 때 이더리움 코인 외에도 프로그램을 등록한 업체가 자체적으로 개발한 독자 암호화폐를 이용할 수도 있다. 이렇듯 이더리움 블록체인 상에서 구동되는 이더리움 이외의 암호화폐들을 '코인'과 구별될 수 있도록 '토큰(token)'이라고 부른다. 현재 이더리움에서는 업체들이 쉽고 빠르게 토큰을 발행할 수 있도록 'ERC-20(Ethereum Request for Comment 20)'이라는 표준을 제공하고 있다.

지난 2021년 8월 5일 '이더리움 런던'으로 명명된 하드포크(hard fork, 일종의 블록체인 업그레이드 작업)가 진행됐다. 이번 런던 하드포크에서는 특히 스마트 계약 보상금인 '가스비'의 최적화에 역점을 뒀는데, 이는 최근 'NFT(Non-Fungible Token, 대체불가능 토큰)', '디파이(DeFi, 탈중앙화 된 암호화폐 금융서비스)' 등이 화제가 되면서 이더리움 생태계가 급성장했고, 이 때문에 스마트 계약의 빠른 처리 요청을 위한 가

코인과 토큰

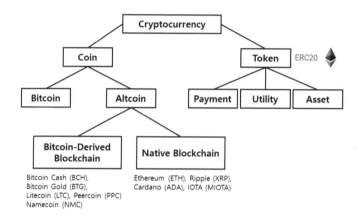

스비가 폭등했기 때문이다. 이러한 과도한 가스비 지불 경쟁은 결국 사용성 악화로 이어질 수 있기 때문에 이더리움에서는 이번 런던 하드포크를 통해 표준 가스비를 만들어 수수료 부담을 줄이고 거래가 더 활성화될 수 있도록 한 것이다.

플랫폼이란 단어가 일반 대중에게 친숙해진 것은 꽤 오래다. 애플이 앱스토어라는 혁신적 플랫폼을 통해 몇몇 대형 통신 사업자에 의해 좌지우지되던 기존 이동통신 시장에 지각변동을 일으켰듯, 암호화폐계의 앱스토어라 할 수 있는 이더리움 또한 엄청난 잠재력을 갖고 있다. 이것이 바로 우리가 비트코인보다 이더리움에 훨씬 더 많은 관심을 가져야 하는 이유이다.

3세대 암호화폐,
찰스 호스킨슨의 카르다노(에이다)

2021년 9월 기준으로 비트코인, 이더리움에 이어 시가총액 3위이기도 한 '카르다노(Cardano)/에이다(ADA)'는 2017년에 3세대 암호화폐라고 불리며 세상에 처음 그 모습을 드러냈다.

흔히 카르다노와 에이다라는 두 개의 명칭이 혼용돼 사용되곤 하는데, 사실 이 둘이 같은 것을 의미하는 것은 아니다. 카르다노는 스마트 계약과 탈중앙화 분산 애플리케이션(댑 또는 디앱, DApp, Decentralized Application)이 구동되는 플랫폼을 지칭하며, 에이다는 이 플랫폼에서 사용되는 기본 암호화폐의 명칭이다. 참고로 2021년 9월 12일 카르다노의 알론조(Alonzo) 하드포크가 완료됐다. 이번 알론조 하드포크로 인해 스마트 계약 기능이 처음으로 추가됐지만, 아직까지 많은 댑을 지원하고 있지는 않다.

카르다노 및 에이다의 개발자인 찰스 호스킨슨Charles Hoskinson

카르다노 및 에이다의 창시자인 찰스 호스킨슨 ©pumpmoonshot

은 1987년생으로 스팀(Steem)과 이오스(EOS)를 개발한 댄 라리머 Dan Larimer와 함께 암호화폐 '비트셰어(BTS)'를 만들었으며, 2013년 12월부터는 이더리움 재단의 CEO를 역임했다. 평소 이더리움의 확장성 및 과도한 에너지 사용 문제에 대해 깊은 관심을 갖고 있던 호스킨슨은 2015년 IOHK(Input Output Hongkong)를 설립하고, 3세대 암호화폐 에이다와 플랫폼 카르다노를 개발한다.

에이다가 기존의 암호화폐와 차별화되는 점은 ▲사용된 요소 기술들이 철저한 학술적 검증을 거쳤으며, ▲확장성 향상을 위해 지분증명(PoS, Proof of Stake) 방식의 블록체인 기술인 '우로보로스 (Ouroboros)'를 사용한다는 것이다.

우로보로스는 2017년 세계 3대 암호학술대회중 하나인 크립토 컨퍼런스에서 발표된 블록체인 기술이다. 주주총회에서 주식 지분율에 비례해 의사결정권을 가지듯이 우로보로스의 개별 이용자(정확히는 노드)들은 자신이 보유하고 있는 코인 수에 비례해 블록 생성 권한과 검증 권한을 갖는다. 이러한 지분증명은 보유한 지분이 많을수록 주식 가치가 떨어지는 즉, 회사에 해가 되는 행위는 하지 않을 것이라는 경제적 동기에서 출발하는데, 기존의 작업증명과는 달리 작업량이 아닌 지분에 비례해 블록에 기록할 권한을 가지므로 확장성 문제 및 과도한 에너지 소비, 그리고 중앙 집중화 문제를 효과적으로 해결할 수 있다는 장점이 있다.

우로보로스의 동작 과정을 조금 더 자세히 살펴보자. 우선 우로보로스에서는 블록을 생성할 권한을 갖는 노드들을 '슬롯 리더(slot leader)'라고 부르는데, 이들은 사전에 무작위로 선발된다. 그러나 앞으로 몇 개나 만들어질지도 모를 모든 블록들에 대해 슬롯 리더들을 미리 선발해 둘 수는 없는 노릇이므로, 일정 주기를 정해놓고 그 주기 동안에 필요한 수만큼의 슬롯 리더들만을 미리 선발해 놓는다. 이때 이 주기를 '에폭(Epoch)'이라고 하는데, 하나의 에폭은 5일간의 시간에 해당한다. 에폭은 다시 '슬롯(slot)'이라 불리는 더 작은 시간들로 쪼개진다. 슬롯은 에폭 내에서 블록 1개를 생성할 수 있을 정도의 아주 짧은 시간으로서 약 1초에 해당한다. 그러므로 산술적으로 1 에폭당 432,000개(= 5일×24시간×60분×60초)의 슬롯이 존재할 수 있다.

앞서 언급했듯 우로보로스에서는 하나의 에폭이 시작되기 전에 각 슬롯별로 독점적 블록 채굴 권한을 갖는 슬롯 리더들이 무작위로 선발된다. 이때 리더로 선발될 확률은 노드가 보유하고 있는 에이다의 수에 비례하는데, 일단 선정되면 슬롯 리더는 ▲자기에게 주어진 슬롯 시간 동안 발생한 거래 내역들의 유효성을 확인하고, ▲이를 토대로 에이다 거래 정보가 기록된 하나의 신규 블록을 생성해 가장 긴 체인에 연결하며, ▲해당 신규 블록을 다른 구성원들에게 전파할 의무를 가지게 된다. 또한 이에 대한 보상으로 슬롯 리더들은 일정 수량의 에이다를 지급받게 된다.

이때 만일 불순한 의도를 가진 노드가 슬롯 리더로 선정된다면, 이 노드는 하나의 체인을 여러 개로 분기(일명 '포킹')시키기 위해 악의적으로 같은 슬롯 내에서 여러 개의 블록을 생성할 수 있다. 또한 생성한 블록을 가장 긴 체인이 아닌 다른 체인에 연결한다거나, 블록 생성을 고의로 지연시키고, 자신의 블록을 전체가 아닌 일부 노드들에게만 전파하는 등의 행동을 통해 블록체인의 정상 동작을 방해할 수도 있다. 하지만 어떠한 경우라 할지라도 과반 이상의 지분(코인)을 소유한 노드들이 정직하게만 행동한다면 우로보로스 블록체인은 항상 안전한 상태를 유지할 수 있다.

간혹 네트워크에 문제가 생겨 슬롯 리더가 제 시간에 접속하지 못함으로 인해 블록 생성자가 존재하지 않는 빈 슬롯이 생길 수 있다. 때문에 현재의 카르다노는 평균적으로 약 20초마다 1개의 노드, 즉 한 에폭 기간 동안 약 21,600개(= 432,000/20)의 슬롯 리

에폭과 슬롯, 그리고 슬롯 리더

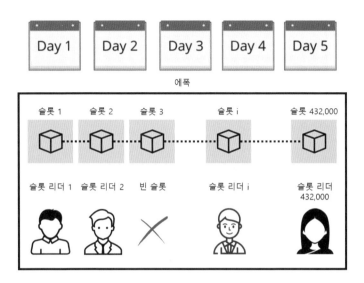

더들이 선출되도록 설정되어 있다. 만약 제시간 안에 블록 생성 작업을 완수하지 못하면, 해당 슬롯 리더는 블록 생성 권한을 잃어버리며 다음에 다시 선출될 때까지 기다려야 한다.

슬롯 리더가 정해진 시점(슬롯)에 블록을 만들 자신이 없다면 주식 의결권 위임과 같이 자신의 블록 생성 권한을 지분과 함께 다른 노드에게 위임할 수도 있다. 이렇게 권한을 위임받은 노드를 '스테이킹 풀(staking pool)'이라고 하는데, 이러한 '지분 위임(stake delegation)' 기능은 우로보로스 블록체인의 안정성과 효율성을 유지

J. Cryptol. (2012) 25: 57–115
DOI: 10.1007/s00145-010-9082-x

Journal of
CRYPTOLOGY

Secure Proxy Signature Schemes for Delegation of Signing Rights

Alexandra Boldyreva
College of Computing, Georgia Institute of Technology, Atlanta, USA
aboldyre@cc.gatech.edu

Adriana Palacio
Computer Science Department, Bowdoin College, Brunswick, USA
apalacio@bowdoin.edu

Bogdan Warinschi
Computer Science Department, University of Bristol, Bristol, UK
bogdan@cs.bris.ac.uk

Communicated by Kenneth G. Paterson.

Received 3 March 2008
Online publication 16 October 2010

Abstract. A proxy signature scheme permits an entity to delegate its signing rights to another. These schemes have been suggested for use in numerous applications, particularly in distributed computing. Before our work (Boldyreva et al. in Cryptology ePrint Archive, Report 2003/096, 2003) appeared, no precise definitions or proven-secure schemes had been provided. In this paper, we formalize a notion of security for proxy signature schemes and present provably-secure schemes. We analyze the security of the well-known delegation-by-certificate scheme and show that after some slight but important modifications, the resulting scheme is secure, assuming the underlying standard signature scheme is secure. We then show that employment of aggregate signature schemes permits bandwidth savings. Finally, we analyze the proxy signature scheme of Kim, Park and Won, which offers important performance benefits. We propose modifications to this scheme which preserve its efficiency and yield a proxy signature scheme that is provably secure in the random-oracle model, under the discrete-logarithm assumption.

Key words. Digital signatures, Proxy signatures, Aggregate signatures, Provable security.

알렉산드라 볼디레바 등이 발표한 위임 서명 기술 논문.

하는데 있어 매우 중요한 역할을 한다. 물론 이러한 지분 위임에 참여한 노드들은 자신이 위임한 지분에 비례해서 보상을 나눠 받을 수 있게 된다.

여담으로, 지분 위임 시에 우로보로스는 알렉산드라 볼디레바Alexandra Boldyreva 등이 2012년에 《저널 오브 크립톨로지(Journal of Cryptology)》에서 발표한 위임 전자서명 기술(proxy signature scheme)이란 것을 사용한다. 그런데 이것의 원형이 된 것이 바로 필자가

1997년에 발표한 김-박-원 위임 서명 기술(Kim-Park-Won proxy signature scheme)이다.

하나의 에폭이 끝나면 슬롯 리더들은 다음번 에폭 기간 동안 활동할 차기 슬롯 리더들을 지분에 비례해 무작위로 선출해야 한다. 이때 무작위성을 보장하기 위해서 중앙 신뢰기관의 개입 없이 구성원들의 협업만으로 난수를 발생할 수 있게끔 하는 다자간 난수 발생기(정확히는 암호학적으로 안전한 '다자간 동전던지기 프로토콜')를 이용한다.

이렇듯 현재의 블록체인 그 자체가 다음번 에폭의 새로운 무작위성의 원천이 된다는 의미에서, 에이다의 블록체인에는 그리스 신화에 등장하는 자신의 꼬리를 먹는 뱀인 우로보로스라는 이름이 붙은 것이다.

자신의 꼬리를 먹는 뱀 우로보로스.

이상에서 살펴봤듯이 에이다는 비트코인처럼 모든 노드가 경쟁을 통해 블록을 채굴하는 것이 아니라, 시간대별로 한 명의 슬롯 리더를 선정해 블록을 채굴하도록 함으로써 시간과 많은 에너지 자원을 낭비하지 않아도 된다는 장점이 있다. 또한, 시간대별로 슬롯의 갯수를 늘려 처리 속도를 더 빠르게 할 수 있고, 에폭을 병렬로 구성해 몇 개의 작업을 동시에 처리할 수도 있다. 더욱이 이러한 모든 것들이 사이버보안 및 암호학 분야의 최상위 학술대회 및 저널에 제출돼 엄격한 심사를 받았으며, 구현된 코드들 또한 정형검증을 통해 구현 무결성을 확인받았다.

사실 지분증명에 기반한 암호화폐에는 에이다 외에도 이오스, 스팀, 테조스(Tezos), 피어코인(Peercoin), 큐텀(Qtum), 블랙코인(Blackcoin), 셰도우코인(Shadowcoin) 등이 있으며 이더리움도 조만간 현재의 작업증명 방식을 벗어나 지분증명 방식으로 변경될 예정이다. 하지만 이들 중 그 어떠한 것도 에이다와 카르다노만큼의 철저한 수학적 검증을 거치지 않았다.

물론 이러한 검증 작업들로 인해 에이다와 카르다노가 다른 암호화폐 프로젝트들보다 개발이 더디다는 지적이 있기도 하다. 그러나 암호화폐는 큰돈을 다루기에 더 높은 수준의 보안성 검증이 필요하다는 찰스 호스킨슨의 철학은 1만여 개의 코인들이 범람하는 이 시대에 우리에게 시사하는 바가 크다. 과연 에이다와 카르다노가 이더리움의 킬러로 자리매김할지 관심이 집중되는 지점이다. 더불어 소위 '김치코인'이라고도 불리는 우리나라의 암호화폐들은 그동안 과연 얼마나 철저한 검증을 받아왔는지 우리 모두 되돌아봐야 하겠다.

또한 카르다노(에이다)와 최근 3세대 암호화폐 자리를 놓고 치열하게 경쟁하고 있는 '솔라나(Solana)'라는 암호화폐도 있다. 현존하는 가장 빠른 속도를 자랑하는 암호화폐 중 하나인 솔라나는 2020년 3월에 출시됐지만 그 기원은 2017년까지 거슬러 올라간다. 솔라나의 창시자인 아나톨리 야코벤코Anatoly Yakovenko와 그의

퀄컴(Qualcomm) 시절 동료였던 그레그 피츠제럴드Greg Fitzgerald는 2017년 백서를 발행하고 2018년 2월 최초의 내부 테스트넷을 발표했으며 2019년 3월에 메인넷(mainnet) 개발을 시작해 2020년에 출시했다. 메인넷 출시 이후 지금까지 솔라나는 5천만 개 이상의 블록을  생성했으며, 세럼(Serum), 체인링크(Chainlink), 테라(Terra), 오디우스(Audius), USD코인(USDC), 테더(USDT) 등의 프로젝트가 모두 솔라나 생태계에 합류했다.

현재 블록체인 생태계에서는 속도 전쟁이 한창이다. 5부에서 설명하게 될 대체불가능토큰, 디파이 등 블록체인의 킬러 앱들이 속속 등장하는 지금, 블록체인 사용자들의 증가로 인한 속도 저하는 필연적이며 이를 해결하려는 기업들의 노력은 지금보다 한층 더 치열해 질 것으로 보인다. '새로운 블록체인 전쟁(The new public chain war)'이라고도 불리는 이 싸움에서 우리 기업들의 승전보를 기대해 본다.

유동 민주주의와 블록체인

'직접 민주주의(direct democracy)'란 국가에 대한 정책을 국민이 결정하는 것으로, 쉽게 말해 대표자 없이 국민들이 직접 통치하는 정치 형태를 말한다. 남성 시민들에게 국한되긴 했지만, 과거 그리스 아테네가 이러한 방식을 취했다. 하지만 도시가 커지고 인구가 많아지면서 모든 국민이 정치에 참여하는 것은 시간과 비용 측면에서 한계가 있었다. 이에 반해 '대의 민주주의(representative democracy)' 또는 '간접 민주주의(indirect democracy)'란 국민을 대신해 나라를 이끌어갈 대표를 선출해 정부나 의회를 구성하고, 그 대표자들이 모여 국가에 대한 정책을 논의하고 처리하는 것을 말한다. 이렇게 자신을 대신해 행동할 대표에게 자신의 의결권을 넘기는 대의 민주주의는 오늘날 대부분의 국가가 채택하고 있는 정치 형태이기도 하다.

'유동 민주주의(liquid democracy)' 또는 '액체 민주주의'란 직접 민주주의와 대의 민주주의의 장점을 결합한 새로운 형태의 정치 유형이다. 유동 민주주의에서 유권자는 해당 문제에 대해 본인이 직접 투표할 수도 있고, 아니면 해당 분야에 대해 자신보다 더 전문적인 지식을 가진 대표자에게 자신의 투표권을 위임할 수도 있다. 더 나아가 위임받은 대표자가 자신의 권한을 또 다른 대표자에게 위임하는 것 또한 가능하다(이를 '전이성'이라고 함). 전문성과 신뢰성만 있다면 모든 사람이 대리인이 될 수 있으며, 별도로 정당이 필요하지도 않기에 진입 장벽이 낮다.

이러한 유동 민주주의는 구성원들이 모든 문제에 대해 개인적으로 투표해야하는 직접 민주주의와는 대조적이다. 또한 구성원들이 몇 년에 한 번만 대표자를 선출하도록 제한되는 오늘날의 대의 민주주의와도 다르다.

어떤가? 유동 민주주의가 앞서 살펴 본 우로보로스에서의 의사 결정 방식과 유사하지 않은가? 사실 우로보로스와 같이 암호화폐 소유자들이 각자의 지분율에 비례해 블록에 대한 의사결정권을 갖되, 경우에 따라 본인의 투표권을 다른 이에게 위임할 수도 있는 형태의 블록체인 운영 방식을 '위임지분증명(DPoS, Delegated Proof of Stake)'이라고 한다. 위임지분증명에서 위임은 신뢰의 표시로, 이 신뢰가 깨지면 사용자는 즉시 다른 대리인을 찾거나 자신이 직접 투표할 수 있다. 이러한

민주주의의 다양한 형태

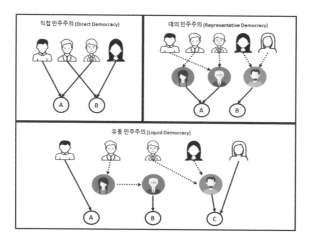

임시적 신뢰는 위임받은 투표권을 언제든지 잃을 수 있기 때문에 위임자에게 높은 책임감과 정직성을 부여한다.

현실에서 유동 민주주의가 사용되지 않은 주된 이유는 실행 장벽 때문이다. 직접 민주주의에서와 마찬가지로 유동 민주주의는 구성원들이 지속적으로 투표를 하거나 위임할 수 있도록 하는 기본 기술 인프라가 필수이다. 바로 이 점이 최근 우로보로스와 같은 위임지분증명 기반의 블록체인에 관심이 집중되는 이유이다.

n번방의 암호화폐, 모네로

암호화 메신저 텔레그램에서 미성년자 등의 성착취물을 제작하고 유포해 온 일명 n번방 사건은 온 국민을 경악시켰다. 당시 n번방의 입장료로 사용된 암호화폐는 '비트코인'과 '이더리움', '모네로(Monero)' 등 3개였는데, 이중 특히 모네로는 비트코인이나 이더리움보다 추적이 어려워 불법 거래에 주로 이용되기에 '다크 코인(dark coin)'이라고도 불린다.[12]

기본적으로 암호화폐의 블록체인에는 '실명확인'만 안됐다 뿐이지 어떤 일련번호의 비트코인이 어느 전자지갑 계좌에서 어느 계좌로 이동했는지가 모두 기록돼 있다. 하지만 대포통장도 하나의 통장을 여러 번 반복해서 사용할 경우 사용 패턴이 드러나면서 꼬리가 밟히게 되듯 비트코인의 전자지갑 계좌도 마찬가지

---

12 다크 코인들은 '프라이버시 코인(privacy coin)'이라고도 불린다.

로 추적당할 수 있다. 실제로 2017년 4월에 발표된 「가상화폐 및 디지털 포렌식과의 상관성(Virtual Currencies and their Relevance to Digital Forensics)」이라는 논문에 따르면, 약 40%의 비트코인 사용자들은 추적이 가능하다고 한다.

반면 모네로는 '링 서명(ring signatures)', 'RingCT(Ring Confidential Transactions)', '스텔스 주소(stealth address)', '코브리(KOVRI) 익명 라우팅' 등의 기술을 이용한다. 이들을 이용하면 송금자의 신원, 송금액, 수신자 계좌번호, 인터넷 통신 경로 등을 감출 수 있기에 이용자들의 사용 패턴을 찾기가 비트코인이나 이더리움보다 훨씬 더 어렵다. 하지만 노파심에 말하면 이러한 모네로 또한 추적이 절대

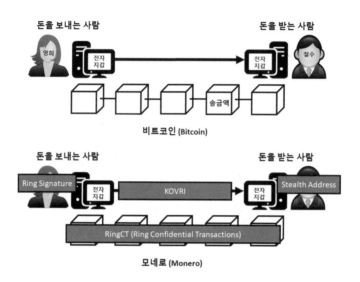

모네로에서 사용하는 추적을 어렵게 하는 요소 기술들

돈을 보내는 사람 　　　　　　　　　돈을 받는 사람

영희　　전자지갑　　　　　　　　전자지갑　　철수

송금액

비트코인 (Bitcoin)

돈을 보내는 사람 　　　　　　　　　돈을 받는 사람

Ring Signature　전자지갑　　KOVRI　　전자지갑　Stealth Address

RingCT (Ring Confidential Transactions)

모네로 (Monero)

불가능한 기술은 아니라는 점을 명심해야 할 것이다.

　여담이지만 언론에 이미 공개된 대로 n번방 운영자 조주빈은 텔레그램뿐만 아니라 '위커(Wickr)'라는 메신저 또한 별도로 운영해 왔다. 텔레그램과 위커의 차이를 간단히 말해보면, 위커는 본사의 서버나 사용자의 휴대폰에 저장되는 데이터들은 그것이 원본 데이터이건 메타데이터(Metadata: 데이터에 대한 데이터. 예를 들어 이 책이 데이터라면 이 책에 연관된 저자명, 출판사 정보, 가격, 발간일 등은 모두 메타데이터가 된다.)이건 간에 모두 다 암호화되어 저장된다. 그래서 메신저 개발업체에 대한 압수수색 영장 자체를 무력화시킬 수 있다. 사실 텔레그램도 영장을 무력화시킬 목적으로 개발되었지만, 메타데이터 관리 측면에서 위커가 보안성이 더 높다.

또한 정부 및 군용으로 개발된 '위커 프로'의 경우, 미국 정부로부터 'FIPS 140-2 암호제품 인증'을 받았다. 보통 해킹이란 것은 제품의 설계나 구현상의 오류(취약점)를 이용한다. 정부의 제품 인증을 공식적으로 받았다는 사실은 이러한 오류가 발견될 확률이 매우 낮다는 의미이기도 하다. 위커 프로는 FIPS 140-2 인증 외에 미국 정부로부터 'NSA Suite-B 인증'도 받았다. 이걸 언론에서는 '군용 등급 암호(Military-grade Encryption)'가 적용됐다고 말하기도 한다.

그러나 다시 한번 강조하지만, 이러한 각종 인증들이 절대로 뚫리지 않는 보안 메신저를 의미하지는 않는다는 것을 반드시 기억해 줬으면 좋겠다. 창과 방패의 싸움은 지금 이 순간에도 계속되고 있으니까 말이다.

데이비드 차움의 유산과 특금법

'암호화폐의 아버지' 데이비드 차움 박사는 사실 훨씬 이전부터 학계에서 '인터넷 익명성의 선구자' 또는 '익명 통신의 대부'로 불리어 왔다. 앞에서도 언급했지만 암호화폐의 개념을 제안하기 1년 전인 1981년에 차움은 전자메일을 익명으로 송·수신할 수 있는 기술인 믹스 넷 개발에 성공한다. 영화 속 첩보원들이 미행을 따돌리기 위해 곧바로 목적지로 가지 않고 이리저리 엉뚱한 장소들을 돌아서 가듯, 믹스 넷은 내가 보낸 메일이 바로 상대에게 가지 않고 인터넷상의 여러 지점들을 경유해 가도록 함으로써 추적을 어렵게 한다. 예를 들면 전자메일이 A(내 컴퓨터)→B(경유)→C(경유)→D(경유)→E(최종 목적지)로 가는 식이다. 최종 목적지에서 봤을 때 메일은 D로부터 온 것처럼 보이게 되며, 수사기관이 이를 역 추적하려 해도 D→C→B를 거쳐 실제 사용자의 컴퓨터(A)까지 접근해야 한다. 이러한 믹스 넷 기술은 후에 다크 웹에 이용되는 대표적인 소프트웨어인 토어(TOR)나 I2P(Invisible Internet Project) 등을 탄생시키는 기반이 된다. 이어 1982년과 1988년에 세계 최초로 중앙집중형 온라인 암호화폐와 오프라인 암호화폐를 개발한 차움 박사는 1989년과 1991년에는 기존 전자서명에 익명성 기능을 강화한 특수 전자서명, '부인방지 서명(undeniable signature)'과 '그룹 서명(group signature)'을 발표한다.

공인인증서 등에서 사용하는 일반적인 전자서명의 경우 누구나 쉽게 서명이 첨부된 문서의 출처 및 진위 여부를 확인할 수 있다는 특징이 있다. 차움 박사는 이러한 공개 검증성(public verifiability)이 사용자의 익명성을 과도하게 침해할 수도 있다는 것에 주목했다. 회사가 추진 중인 기밀 프로젝트 파일이 인터넷상에 유출되었다고 상상해 보자. 만일 해당 파일에 전자서명이 첨부돼 있어 누구나 문건의 출처 및 진위여부를 확인할 수 있다면 훨씬 더 심각한 문제를 야기할 수 있다.

부인방지 서명은 반드시 원 서명자의 도움이 있어야만 서명 검증이 가능케 함으로써 이 문제를 해결하였다. 부인방지 서명의 개념은 이후 '수신자 지정 서명방식(nominative signature)', '분산신원확인(DID)' 등의 개념으로 확대 발전하게 된다.

그룹 서명은 좀 더 재미난 상황을 전제로 한다. 별도의 구내식당이 없는 회사에서는 근처 식당들과 제휴를 맺고 직원들에게 저녁식사를 제공한다. 이때 직원들은 사후 정산을 위해 장부에 서명을 남기게 되는데, 이럴 경우 장부를 본 사람은 누구나 해당 식당의 단골 고객이 누구인지를 쉽게 알아낼 수 있다. 그룹서명의 개발은 바로 이러한 문제의식에서 비롯되었다.

그룹 서명은 해당 전자서명이 특정 그룹(회사)의 소속원이 남긴 것임을 확인할 수는 있지만, 소속원들 중 과연 누가 서명했는지는 알 수 없도록 한 서명 방식을 말한다. 그런데 이렇게 할 경우 부도덕한 직원이 자신의 가족들까지 모두 데리고 와 공짜 밥을 먹는 일이 벌어질 수도 있다. 이러한 문제를 해결하고자 그룹 서명은 평상시에는 서명자가 누구인지 알 수 없게 하지만, 문제 발생 시 마스터키를 갖고 있는 관리자가 원서명자를 추적할 수 있도록 하는 익명성 취소 기능을 내장하고 있다. 그룹 서명은 이후 링 서명 등으로 발전하여 모네로 등에 사용되게 된다.

사실 암호화폐 또한 이러한 익명성 연구의 연장선상에 있다. 인터넷에서 물건을 구매할 때 일반적으로 신용카드를 이용한다. 그러나 이 경우 사용자의 구매 내역이 고스란히 드러나게 돼 사생활 침해 논란을 야기할 수 있다. 이러한 문제를 인식한 차움은 1982년 사이버 공간에서 현금처럼 사용할 수 있는 추적이 불가능한 암호화폐를 최초로 제안하게 되며(이때 암호화폐 발권 시 익명성을 보장하기 위해 차움 박사는 '은닉 서명'이란 기술을 활용함), 그로부터 26년 후 사토시 나카모토는 비트코인을 발표하기에 이른다.

이렇듯 '익명성'은 데이비드 차움의 업적을 논할 때 있어 빼놓을 수 없는 핵심 철학중 하나이며, 사토시 나카모토는 여기에 '탈중앙화'란 가치를 더하였다. 그러나 최근 정부가 발표한 '특정 금융거래정보의 보고 및 이용 등에 관한 법률(일명 특금법)' 개정안은 이러한 익명성을 더 이상 허락하지 않겠다고 하고 있으며[1] 많은 기업들은 구현 및 관리의 효율성을 이유로 탈중앙화를 어느 정도 포기하는 경우가 다반사다. 최근 비트코인을 비롯한 암호화폐 및 관련 주들은 고공행진을 거듭하고 있다. 하지만 시장이 뜨거울수록 그것이 가진 본질적인 가치와 비전에 대해 한 번 더 고민해 봐야하지 않을까 싶다.

---

1   특금법 개정안은 국제자금세탁방지기구(FATF, Financial Action Task Force on Money Laundering)의 '암호화폐 규제 가이드라인 권고안'의 주요 내용을 담고 있다. 개정안에 따르면 암호화폐 거래소가 영업을 하기 위해서는 금융정보분석원(FIU, Financial Intelligence Unit)에 신고해야 하고, 은행으로부터 실명확인계좌를 발급받아야 한다.

도지코인

도지코인(Dogecoin)은 일본 시바견을 마스코트로 해서 IBM 출신 개발자 빌리 마커스Billy Markus와 마이크로소프트 출신 개발자 잭슨 팔머Jackson Palmer가 2013년에 만든 암호화폐이다.[13]

도지코인은 암호화폐 시장의 열풍을 풍자하기 위해 장난삼아 만들어 본 것이기에 진지하게 사용되는 비트코인이나 이더리움과는 달리 실험성과 재미를 위해 운영되는 측면이 강하다. 도지코인은 빠른 코인 생산 속도가 특징으로, 처음에는 1천억 개로 생산량이 고정돼 있었으나 이후 무제한 생산으로 정책이 바뀌었다.

실제로 도지코인은 출시되고 약 2년이 흐른 2015년에 이미 1천억 번째 코인이 발행되었고, 4년이 흐른 2019년도에는 코인을 실물로 가정했을 때 그 규모가 달에 닿았을 정도이다. 그렇기에

---

13 'Doge'라는 명칭은 개를 뜻하는 dog에 알파벳 e를 붙인 것이다.

도지코인은 인터넷 밈으로 유명한 시바견 카보스에서 유래했다.

도지코인의 가격은 매우 낮게 책정되어 왔으며, 그동안 주로 도지코인 재단을 통한 사회 공헌활동이나 SNS에서 창작자의 기여를 인정하기 위한 팁 지불 용도로 사용됐었다. 이러한 도지코인이 최근 테슬라 대표인 일론 머스크에 의해 연일 화제의 중심이 됐었고 현재 테슬라의 일부 상품의 구매 수단으로 사용이 가능하게 되었다. 과연 일론 머스크의 말대로 도지코인은 비트코인과 달리 환경 친화적일까?

비트코인이나 도지코인이나 기본적으로 작업증명 방식을 이용한다. 앞서 언급했듯이 작업증명 방식은 블록을 생성할 때마다 암호퍼즐을 풀어야 하며, 이 과정에서 상당량의 CPU 작업이 필요하게 된다. 더욱이 암호화폐의 가치가 올라갈수록 채굴만을 전문으로 하기 위해 ASIC(Application-Specific Integrated Circuit, 주문형 집적회로) 등의 전용 장비로 무장한 채굴꾼들까지 우후죽순으로 등장하게 된다. 도지코인은 이렇게 전용 장비로 무장한 전문 채굴꾼들을 무력화하기 위해 'SCRYPT' 같은 MHF(Memory-Hard Function) 기술을 이용한다. MHF는 수식을 풀기 위해 단순히 계산 속도만 향상시켜서는 안 되고 필요한 메모리의 양까지 비례해 증가하게 만듦으로써 전용 장비들을 무력화시킨다.[14]

그러므로 도지코인이 전문 채굴꾼들을 어느 정도 무력화시킬 수 있는 것은 사실이다. 그러나 어차피 작업증명 방식을 기반으로 하고 있기에 지분증명 방식처럼 친환경적이라고 하기에는 조금 무리가 있어 보인다.

---

14 사실 MHF는 패스워드 전수조사(brute force search)를 어렵게 하기 위해 개발된 것이다.

아프리카TV의
별풍선 같은 암호화폐, 스팀

2014년 전문 기고자인 에리카 모피Erika Morphy는 경제지 ≪포브스≫에 올린 컬럼을 통해 "만일 레딧(Reddit, 미국의 대형 커뮤니티 사이트)이 글 등록, 댓글 쓰기, 좋아요/싫어요 투표 등을 통해 레딧에 기여하는 모든 이들에게 그들이 기여한 만큼 레딧 회사의 주식으로 보상할 경우 자사 플랫폼이 더욱 개선될 것"이라는 가설을 제기한 바 있다. 실제로 레딧 사용자들은 평균적으로 초당 220회를 투표하고 23개의 게시글들을 작성한다고 한다. 레딧의 시가 총액을 5억 달러에서 40억 달러 수준으로 봤을 때, 이는 모든 투표들과 게시글들에 각각 0.06달러~0.50달러 수준의 가치가 있음을 의미한다.

스팀잇(Steemit)은 최초의 블록체인 기반 소셜미디어 플랫폼으로 기본 개념은 비교적 단순하다. 바로 모든 구성원들을 커뮤니티 기여도에 따라 평가한다는 것. 스팀잇은 누구나 사진, 영상, 텍스트로 된 디지털 콘텐츠들을 자유롭게 업로드하고, 댓글 등을 통해 다른 유저들과 소통을 할 수 있다는 점에서 네이버 블로그, 페이스북, 레딧, 쿠오라(Quora) 등과 같은 기존의 소셜미디어와 동일하다. 하지만 모든 콘텐츠가 특정 회사의 중앙 서버가 아닌 블록체인(일명 스팀체인)에 저장된다는 점과 사용자들이 자신의 활동 및 기여도에 따라 자체 암호화폐인 스팀코인을 통해 직접 보상을 받을 수 있다는 점에서 차별화된다.

스팀잇은 사용자들에게 ▲생산자 인센티브(producer reward), ▲저자 인센티브(author reward), ▲큐레이션 인센티브(curation reward) 등 세 가지 유형의 보상금을 지급한다. 스팀잇은 우로보로스와 같은 위임지분증명에 기반한 블록체인을 사용하는데[15] 생산자 인센티브는 스팀잇에서 생산되는 모든 종류의 데이터들을 수집하고 이를 바탕으로 블록을 생성할 권한을 위임받은 이용자들에게 지급된다. 저자 인센티브는 게시물 작성자(저자)에게 지불되며, 큐레이션 인센티브는 좋아요/싫어요에 투표하거나 댓글을 다는 등 콘텐츠의 홍보에 기여도가 높은 사람들에게 지급된다. 마치 아프리카TV의 별풍선 같이 말이다. 더욱이 블록체인을 이용하기 때문에 콘텐

---

15 작업증명(PoW)에 기반한 비트코인은 초당 최대 7건의 거래량을 처리하는 것이 가능한 반면 트위터의 평균 처리량은 초당 5천개가 넘는다. 그래서 스팀잇은 플랫폼의 속도와 확장성을 높이기 위해 위임지분증명(DPoS)에 기반한 합의 메커니즘을 채택했다.

스팀잇 로고

츠에 대한 저작권이 투명하게 보장되며, 블록체인이 갖는 불변성 성질로 인해 삭제나 검열, 서비스의 갑작스런 중단도 불가능하다.

　물론 스팀잇이 장점만 있는 것은 아니다. 중앙에서 정보를 관리할 수 없는 만큼 가짜뉴스나 선정적인 글들에 대한 신속한 대응이 어렵다는 단점도 있다. 또한 본인이 올린 게시물임에도 게시물 작성일로부터 7일까지는 수정을 할 수 있으나 그 이후에는 수정이 불가능하다는 문제도 있다. 따라서 글을 작성할 때는 신중해야 하며 만전을 가해야 한다.

그 밖의 다양한 암호화폐들

지금까지 설명한 암호화폐들 이외에도 이미 세계에는 1만여 종 이상의 암호화폐가 존재하며 그 수는 계속해서 늘어나고 있다. 대표적인 것들을 간략하게 짚어 보겠다.

Ⓑ 대시

비트코인보다 더 나은 익명성을 제공하고자 등장한 암호화폐 인 '대시(Dash)'는 초기에는 엑스코인(Xcoin), 다크코인(DarkCoin) 등으로 불리다가 이후 이미지 제고를 위해 대시로 명칭을 변경했다. 비트코인 거래 시 송금자와 수신자의 개인정보가 모두 공개돼 익명성이 떨어진다는 점을 보완하기 위해, 대시에서는 거래 시 3개 이상의 거래 내역을 뒤섞어서 한꺼번에 송금하는 '믹싱(mixing)' 기술을 이용한다. 스마트폰이 아닌 구형 전화기로도 사용할 수 있어

화폐가 불안정한 남미 등지에서 널리 통용된다.

Ⓑ 지캐시

2013년 존스 홉킨스 대학의 연구 프로젝트로 개발된 '제로코인(Zerocoin)'은 개선을 거쳐 '제로캐시(Zerocash)'로 발전되고, 이후 2016년 '지캐시(Zcash)'로 재탄생한다. 지캐시는 비트코인의 불완전한 익명성을 보완하고, 대시와 모네로의 단점으로 지적되던 투명성을 확보하고자 개발됐는데, 특히 암호학 관련 스타트업 경험이 풍부한 주코 윌콕스Zooko Wilcox와 암호학의 대가인 데이비드 차움이 공동으로 개발하고 JP모건이 파트너사로 참여해 개발 초기부터 큰 관심을 받았다. 대시의 믹싱과 모네로의 링 서명은 거래 주체를 특정할 수 없게 하지만, 거래의 투명성도 보장할 수 없게 한다는 한계를 가진다. 이러한 문제를 해결하고자 지캐시는 '영지식 증명(zero-knowledge proof)' 기술을 사용해 익명성과 투명성을 동시에 확보코자 했다.

Ⓑ 아이오타

'아이오타(IOTA)'는 사물인터넷(IoT) 기기에 특화된 암호화폐이다. 아이오타의 공동 창시자 겸 독일 아이오타 재단의 공동 회장이기도 한 데이비드 손스테보David Sønstebø는 비트코인이 IoT 환경에 부적합함을 인식하고, 2016년 7월 이러한 문제점을 개선한 암호화폐 아이오타를 개발해 런칭한다. 아이오타는 기존의 블록체인 기술을 사용하지 않고, 단방향 비순환 그래프(DAG, Directed Acyclic Graph)의 일종인 '탱글(Tangle)'을 사용함으로써 거래 수수료가 없고, 소액 결제에 적합하며, 빠른 거래 속도와 확장성을 보장한다.

⑧ 리플

다수의 정산소가 필요한 현재의 자금 전송 시스템은 SWIFT (Society for Worldwide Interbank Financial Telecommunication) 또는 전자이체 시 높은 결제처리 수수료를 요구하고 있으며, 잘못된 결제 요청 및 통신 해킹으로 인한 결제 실패 위험도 존재한다. 이에 더 낮은 수수료, 더 빠른 속도, 더욱 단순한 연결구조 하에서 사용자간 금융 거래를 보다 쉽고 효율적으로 제공하기 위한 목적으로 암호화폐 '리플(Ripple)'이 개발되었다.

⑧ 스텔라 루멘

리플 개발자들과의 다양한 이해관계 및 방향성 충돌로 인해 리플의 공동창업자였던 제드 맥케일럽Jed McCaleb은 조이스 김Joyce Kim과 함께 2014년 스텔라 루멘(Stellar Lumen)을 설립하고 암호화폐 '루멘(XML)'을 출시했다. 루멘은 리플과 유사한 서비스를 제공하나

전송 수수료가 리플의 10분의 1 수준으로 책정되는 등 그 대상
이 개도국 중심이라는데 차이가 있다.

ⓑ 이오스

'이오스'는 이더리움과 경쟁하기 위해 개발된 암호화폐로 이더
리움에서 개발된 댑들은 이오스 플랫폼상에서도 작동된다. 이오
스는 빠른 처리를 위해 카르다노(에이다)와 유사한 위임지분증명 방
식을 채택한 것이 특징이다.

ⓑ 네오

2015년 10월 공개된 중국 최초의 암호화폐로 자체적으로 개발

네오 외에 네트워크에서 연료 역할을 하는 네오가스(NeoGas)라는 암호화폐도 있다.

한 스마트 컨트랙트 기술인 '네오 계약(NEO contract)' 및 '위임 프랙티컬 비잔틴 장애 허용(DPBFT, Delegated Practical Byzantine Fault Tolerance)' 방식의 합의 메커니즘을 이용한다. 이전에 '앤트쉐어(Antshares)'로 불렸던 이 코인은 2017년 7월에 '네오(NEO)'로 이름을 바꾸었다.

⑧🪙 디엠

2019년 6월 페이스북은 암호화폐 '리브라(Libra)'를 발행한다고 발표했다. 페이스북은 전 세계 20억 명 이상이 사용하고 있기에 이 소식은 굉장히 큰 파장을 불러왔다. 당연히 각국 정부들은 기

미국 연방거래위원회(FTC)는 페이스북에 압박을 넣고자 2019년에 개인정보 유출 사고 등의 이유로 50억 달러의 벌금을 물리기도 했다.

존의 통화 질서가 약화될 수 있다는 문제점을 지적하면서 페이스북을 압박하기 시작했고, 2020년 4월 결국 페이스북은 당초 계획을 수정하고 이름도 '디엠(Diem)'으로 변경한다.

디엠은 '디엠 달러(Diem USD)', '디엠 유로(Diem Euro)', '디엠 엔(Diem JPY)', '디엠 원(Diem KRW)' 등과 같이 각국의 개별 법정 통화에 가격을 연동시킴으로써 가격 변동성을 낮춘 '스테이블 코인(stable coin)'의 일종이다. 그렇기에 기존 법정 통화와의 경쟁 구도가 성립되지 않으며, 각국 정부의 반발도 누그러뜨릴 수 있었다. 결국 독립적인 단일 글로벌 암호화폐를 만들겠다는 큰 꿈은 좌절되고, 기존 화폐들과의 상생의 길을 선택한 것이다.

그러나 이러한 노력에도 불구하고 주요국 정부와 금융감독기관의 반대로 사업을 원활히 진행하지 못하던 페이스북(현재 메타로 사명을 변경)은 결국 2022년 1월27일 자사 암호화폐 사업을 실버게이트 캐피털(Silvergate Capital)에 2억 달러에 매각하고 정리했다.

Ⓑⅰ 인도스

'인도스(Indorse)'는 블록체인 기반의 구인·구직자들을 위한 SNS로서, 자체 보상시스템을 통해 타인의 평판·경력의 진위를 보증하고 유용한 정보를 올리는 사용자에게 인도스 토큰을 지급하고 있다. 제공된 토큰은 인도스 내에서 광고·구인 서비스 등을 구매할 때 사용된다.

유튜브와 달리 7일 동안만 수익이 창출되기 때문에 제작자가 계속해서 동영상을 업로드해야
하는 것이 디튜브의 단점으로 지적되고 있다.

ⓑ 디튜브

'디튜브(D.Tube)'는 블록체인 기반의 탈중앙화 동영상 플랫폼을
위한 암호화폐이다. 디튜브는 탈중앙화(Decentralized) 유튜브라는 뜻
으로 기존의 중앙 집중화된 유튜브와는 달리 스팀 블록체인과
IPFS (Inter Planetary File System) 시스템 위에서 작동하는 동영상 플랫폼
이며 스팀잇과 동일하게 사용자의 플랫폼 기여도에 따라 보상을
받는다.

결제 수단	초당 거래 수(Transactions Per Second)
비트코인(Bitcoin)	7건
이더리움(Ethereum)	25건
지캐시(Zcash)	27건
대쉬(Dash)	35건
모네로(XMR)	1,000건
리플(XRP)	1,500건
비자(Visa) 카드	24,000건

1. 비트코인에서는 은행이 아닌 블록체인이 위폐를 탐지하고 막아낸다. 그런데 문제는 각 사용자들의 컴퓨터에 보관돼 있는 블록체인의 내용이 서로 다를 수 있다는 것. 이러한 문제를 비트코인 블록체인에서는 어떻게 해결하고 있을까? 또한 이때 작업증명은 어떠한 역할을 하는 것일까?

2. 2세대 암호화폐라 불리는 이더리움과 1세대 암호화폐 비트코인의 결정적 차이는 무엇일까?

3. 직접 민주주의와 대의 민주주의의 중간 형태인 유동 민주주의에서 유권자는 해당 문제에 대해 본인이 직접 투표할 수도, 아니면 자신보다 더 전문적인 지식을 가진 자에게 자신의 투표권을 위임할 수도 있다. 이러한 유동 민주주의와 유사한 형태의 블록 관리 구조를 갖는 암호화폐는 무엇인가?

4. 비트코인이나 이더리움보다 추적이 어려워 불법 거래에 자주 이용되는 다크 코인에는 어떤 것들이 있을까? 이러한 다크 코인들은 백해무익하기만 한 것일까? 다 같이 한번 고민해 보자.

5. 페이스북의 암호화폐 리브라는 왜 그 이름을 디엠으로 바꾸었을까?

4부

암호화폐의 다양한
응용과 문제점

블록체인 혁명

블록체인은 국내에선 암호화폐의 기반 기술 정도로 인식되고 있지만 사실 다양한 산업 영역에서 널리 활용되고 있다. 당초 단순히 위폐의 유통을 차단하기 위한 보조 수단정도로 고안된 블록체인은 이더리움 이후 블록체인만의 고유한 장점들이 부각되면서 보다 더 다양한 분야에서 적극적으로 활용되기 시작하는데, 이를 일컬어 '블록체인 혁명(blockchain revolution)'이라고 한다.

뭐니 뭐니 해도 블록체인의 가장 핵심적인 가치는 '탈중앙화'이다. 분산돼 있는 컴퓨터상의 데이터가 불일치하는 현상인 비잔틴 오류 문제를 해결하기 위해, 기본적으로 블록체인에는 합의 메커니즘이라고 하는 일종의 인터넷 투표 기능이 내장돼 있다. 때문에 암호화폐 기술이 완성된다는 것은 블록체인 기술이 완성된다는 의미이며, 이는 곧 인터넷 투표가 완성된다는 뜻이기도 하다.

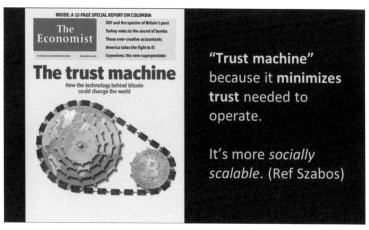

블록체인을 신뢰 머신이라 소개한 《이코노미스트》.

해킹에 안전한 인터넷 투표가 가능해진다면 과연 어떠한 일들이 벌어지게 될까? 우리나라와 같은 스마트폰 강국, 인터넷 강국에서는 직접 민주주의 또는 유동 민주주의가 가능해질 수 있다. 회사는 이슈가 있을 때마다 수시로 주주총회를 열고, 주주들은 자신들이 가진 주식 수에 비례해 인터넷으로 의결권을 행사하게 될 수도 있을 것이다. 더 나아가 회사의 형태를 구성원 모두가 경영에 참여하고 이익을 공유하는 협동조합형 구조로 바꾸는 것도 가능해진다.[1]

바로 이러한 이유로 영국의 주간지 《이코노미스트》는 블록체

---

1   박영선 전 중소벤처기업부 장관은 이러한 구조를 '프로토콜(protocol) 경제'라고 부르기도 했다.

인을 '운영에 필요한 신뢰를 최소화하는 신뢰 머신(The trust machine)'
이라고 표현했으며, 이더리움의 창시자 비탈릭 부테린은 "대부분
의 기술들은 사소한 작업을 수행하는 주변부 근로자들의 업무를
자동화해 이들을 대체하는 경향이 있는 반면, 블록체인은 중앙
관리자들의 업무를 자동화한다. 블록체인은 택시기사를 해고하
는 대신 우버(Uber)를 해고하고, 택시기사들이 고객과 직접 일하도
록 한다."고 말하기도 했다.

'투명성'과 '불변성' 또한 매우 중요한 요소이다. 모든 구성원들
의 컴퓨터에 똑같은 블록체인이 저장·보관되기 때문에 블록에 기
록된 내용들은 구성원들 모두에게 투명하게 공개된다. 또한 구성
원 모두가 동의하지 않으면 최고경영자의 지시라 할지라도 기록
된 내용의 삭제나 수정이 불가능하기에 서비스의 신뢰성을 확보
하는데 유리하다.

이러한 ▲탈중앙성, ▲투명성, ▲불변성, ▲가용성 특징은 블록
체인을 이용해 과거에는 불가능했던 다양한 비즈니스 모델을 만

탈중앙성 (decentralization)	중앙 관리자의 역할을 참여자들이 합의를 통해 분담해 처리함으로써 '협동조합형 경제 모델(또는 프로토콜 경제)'을 구축하는데 용이함.
투명성 (transparency)	참여자들 간 모든 정보가 공유돼 정보의 비대칭성을 해소함.
불변성 (immutability)	참여자들 간의 합의 이후에는 원저작자라 할지라도 기록된 내용을 수정하거나 삭제하는 것이 불가능함.
가용성 (availability)	데이터가 여러 곳에 중복 저장되므로, 데이터 파괴로 인한 시스템 마비에 효과적으로 대응할 수 있음.

드는 것을 가능하게 한다.

단, 여기서 주의할 것이 있다. 흔히 블록체인의 장점을 언급할 때, "해킹이 불가능하다."라고 말하는 경우가 종종 있는데 이는 틀린 얘기이다. 블록체인의 불변성 성질은 해커가 디지털 데이터를 무단으로 삭제하거나 수정하는 것을 어렵게 하는 것이 사실이다. 그러나 블록체인의 투명성 및 가용성 성질은 기밀 데이터나 개인 정보 보호와는 상극이다.

⑧ 오픈바자

온라인 쇼핑몰 대다수는 아마존이나 네이버 같은 플랫폼에 입점하게 된다. 플랫폼에서 제공하는 서비스가 편리하긴 하지만 지불해야 하는 중개 수수료 또한 만만치 않은 것이 사실이다.

블록체인 기술을 기반으로 한 캐나다의 '오픈바자(OpenBazaar)'는 중개료 없는 쇼핑 플랫폼으로 지난 2014년 '다크 마켓(DarkMarket)'이라는 프로젝트로 출범했다. 아마존과는 달리 중앙화된 실체 없이 블록체인 상에서 작동하므로 수수료가 없으며 비트코인, 비트코인캐시 등의 암호화폐로 결제하기 때문에 이체나 카드 수수료도 발생하지 않는다.

더욱이 아마존의 경우 이용자 수가 많아질수록 플랫폼 기업의 최고경영자와 주주들만 부자가 되는 반면, 오픈바자의 경우 잘되면 잘될수록 여기서 사용되는 암호화폐들의 가치 또한 더불어 상

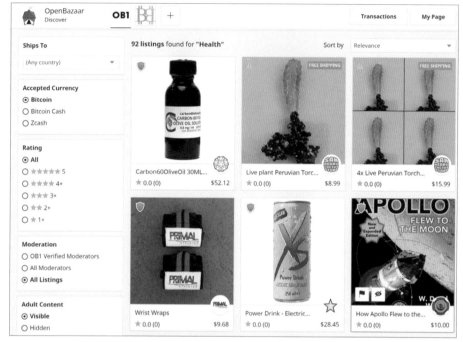

오픈바자.

승하기 때문에 코인을 주고받은 생태계 구성원 모두가 이익을 공유하게 된다. 마치 서로 주식을 나눠가진 것처럼 말이다.

이와 유사하게 블록체인판 우버로 불리는 이스라엘의 '라주즈(La'Zooz)'는 차량의 상태가 블록체인에 저장되고 검색되며, 승객은 이 회사에서 만든 암호화폐 '주즈'로 대가를 지불한다. 라주즈도 오픈바자와 마찬가지로 중개수수료가 필요 없으며, 요금도 암호화폐로 결제하기 때문에 이체·카드 수수료도 발생하지 않는다.

⒝ MIT의 블록체인 졸업장

흔히 대학 졸업장이라 하면 종이 한 가운데 대학 로고가 새겨져 있고 붉은색 총장 인감이 아래쪽에 큼지막하게 찍혀 있는 형태를 떠오르기 쉽다. 그런데 2017년 미국 MIT 졸업생 가운데 111명은 이 같은 전통적인 형태의 학위증이 아닌 '블록체인 학위증'이라는 독특한 디지털 졸업장을 자신의 스마트폰에 깔려 있는 앱을 통해 받아 화제가 됐다.

국내에서도 포스텍이 2020년에 코로나19 문제 등을 고려하여 학위수여식을 연기함과 동시에 학·석·박사 졸업생 828명 전원에게 블록체인 졸업장을 발급한 바 있다.

MIT의 블록체인 학위증. © Reddit

종이나 스마트폰으로 졸업증명서를 발급할 경우 가장 큰 단점은 포토샵 등을 통해 위변조하기가 쉽다는 점이다. 과거 가수 겸 작곡가인 타블로의 학력위조 논란이 쉽사리 해소되지 않았던 이유 중의 하나도 바로 발급된 학위증명서를 100% 신뢰하지 못하기 때문이었다. 그러나 블록체인 기술은 위조나 변조를 기술적으로 불가능하게 하기 때문에, 디지털로 된 졸업증명서를 스마트폰으로 발급해줘도 안전하다. 더욱이 블록체인을 이용해 발급할 경우 블록체인이 갖는 투명성 성질로 인해 전 세계 누구나 쉽게 확인할 수 있다는 장점이 있다.

코로나19 전자 예방접종증명서.

졸업장뿐만이 아니다. 블록체인 기술은 증빙이나 검증을 필요로 하는 모든 디지털 서류에 대해 매우 유용하게 쓰일 수 있다. 실제로 질병관리청에서 배포하고 있는 COOV 앱의 경우에도 코로나19 예방접종증명서를 블록체인에 저장해 발급함으로써, 접종증명서의 무단 수정을 막고 언제 어디서건 쉽게 확인이 가능토록 하고 있다.

Ⓑ 명품 이력 관리를 위한 아우라 블록체인

2020년 전 세계에서 온라인으로 거래된 위조·모조품이 1천조 원대로 추정된다고 한다. 이렇듯 위조품으로 인한 피해가 점점 커지면서 유럽 명품 업계의 3대 주자인 루이비통모에헤네시(LVMH)[2], 리치몬트, 프라다는 지난 2021년 4월 구매자들의 구매 이력과 진품 인증을 위한 '아우라 블록체인 컨소시엄(Aura Blockchain Consortium)'을 결성한다고 발표했다.

아우라 블록체인 플랫폼을 이용하면 고객들은 구매한 명품이 진품인지 확인할 수 있고, 어떤 원자재를 이용해 어느 나라에서 만들어졌는지도 검증 가능하며, 중고로 판매될 때도 진품 여부를 가릴 수 있게 된다. 예를 들어 핸드백을 사려는 고객은 아우라 블록체인에 기록된 이력을 확인함으로써 처음 가죽을 만든 악어 농장에서부터 어떤 생산 공정을 거쳤으며, 어느 매장에서 최초로 팔려서 몇 번 사고팔고를 반복한 끝에 지금 여기에 있게 되었는지 모두 다 확인할 수 있게 되는 것이다. 이 책을 읽고 있는 독자들 중에는 '이걸 굳이 왜 블록체인에 저장해야 하나? 제조사들의 자체 서버에 기록하면 안 되나?'며 의문을 제기하는 이들도 있을 것이다. 하지만 이럴 경우 해당 업체의 최고경영자나 정보 관리자가

---

2 LVMH는 루이비통을 비롯해 디오르(Dior), 샴페인 동페리뇽(Dom Perignon), 시계 유블로(Hublot)를 비롯해 60여 개 명품 브랜드를 소유한 명품 업계의 선두주자이다.

마음만 먹으면 언제든 데이터를 수정하는 것이 가능해지기 때문에 고객들로부터 신뢰를 확보하기가 어렵다.

명품 업체들뿐만이 아니다. 이미 유니세프(unicef)에서는 기부자로부터 모금을 받아 수혜자에게 전달하기까지의 전 과정을 블록체인에 기록하고, 이를 기부자가 스마트폰으로 쉽게 확인할 수 있게 함으로써 기부금 운영의 신뢰성을 강화했다. 1996년 선전시에 중국 1호점을 개점한 월마트는 현지에서 돼지고기 위생문제가 이슈화되자 돼지고기를 납품하는 농가와 보관창고, 운송 경로 전체에 IoT 센서를 설치하고 센서로부터 얻은 정보를 블록체인에 실시간 전송함으로써 위생문제가 발생했을 때 어느 단계부터 잘못됐는지 즉시 파악할 수 있는 디지털 유통 이력 추적관리 시스템을 구축하기도 했다.

지금까지 살펴봤듯 블록체인 기술은 정품 인증과 신뢰성 마케팅 측면에서 많은 기업체들에게 새로운 시장을 열어주고 있다. 이러한 동행은 앞으로 상당기간 계속될 것이며, 블록체인의 대중화를 앞당기는데 많은 기여를 할 것으로 기대된다.

암호화폐의 문제점

암호화폐와 블록체인이 장밋빛 미래만을 갖고 있는 것은 아니다. 대표적인 문제점 몇 가지를 살펴보면 다음과 같다.

에너지 과소비 문제

테슬라의 CEO 일론 머스크는 2021년 5월 트위터에 "암호화폐는 여러 면에서 좋은 아이디어이지만 환경에 큰 피해를 줄 수 있다."고 말하면서 테슬라에서 지원하던 비트코인 결제를 중단했다. 그러자 당시 비트코인 채굴의 환경파괴 문제가 대두되면서 비트코인 가격이 15% 하락하기도 했다.

머스크뿐만이 아니다. 빌 게이츠 마이크로소프트 창업자 또한 "비트코인은 인류에게 알려진 그 어떤 방식보다도 많은 전기를 소비한다. 비트코인은 매 거래마다 평균 300kg의 이산화탄소

Elon Musk ✔
@elonmusk   •••

Tesla & Bitcoin

Tesla has suspended vehicle purchases using
Bitcoin. We are concerned about rapidly
increasing use of fossil fuels for Bitcoin mining
and transactions, especially coal, which has
the worst emissions of any fuel.

Cryptocurrency is a good idea on many levels
and we believe it has a promising future, but
this cannot come at great cost to the
environment.

Tesla will not be selling any Bitcoin and we
intend to use it for transactions as soon as
mining transitions to more sustainable energy.
We are also looking at other cryptocurrencies
that use <1% of Bitcoin's energy/transaction.

4:06 PM · May 12, 2021 · Twitter for iPhone

비트코인의 에너지 과소비
문제를 지적한 일론 머스크의
트윗.

를 배출한다."며 비판했고, 중국은 "비트코인 채굴을 이대로 둔다
면 2060년엔 탄소중립을 실현한다는 국가적 목표에 차질이 생긴
다."며 자국 내 모든 채굴 공장 폐쇄를 명령했다.

　비트코인이 많은 전기를 사용하는 이유는 바로 작업증명 시스
템에 기반하기 때문이다. 시빌 공격을 통한 투표 조작을 막기 위
해 블록체인에 적용된 작업증명은 사용자(일명 채굴자)로 하여금 빠
른 시간 안에 복잡한 암호퍼즐을 풀 것을 요구한다. 이 암호퍼즐
은 해시 함수를 이용해 만들어지는데 간단히 살펴보면 다음과 같

다.

해시 함수 H와 임의의 해시값 y가 주어졌을 때, 채굴자는 이로부터 출력 값의 상위(또는 하위) n비트가 일치되는 결과를 만들어 내는 입력값 x를 찾아야 한다. 이때 y를 '암호퍼즐'이라 하고, x를 '작업증명 값'이라고 한다. 암호퍼즐의 난이도는 n에 의해서 결정되는데 이 n값이 길면 길수록 퍼즐의 난이도가 올라간다. 암호학적 해시 함수의 일방향성으로 인해 입력값 x를 찾아내는 방법은 0부터 시작해서 하나씩 값을 증가시켜가며 모든 경우의 수를 다 대입해보는 '전수조사(brute force search)'가 유일하다.

사실 실제의 암호퍼즐은 이보다 조금 더 복잡하다. 난이도 값 n이 주어졌을 때 채굴자는 n개의 0비트로 시작하는 출력을 만들어 내는 해시 입력값을 찾는다. 이때 입력값은 ▲이전 블록의 해시값, ▲지금 10분간 발생한 비트코인 거래기록들의 해시값, ▲현재 시각을 뜻하는 '타임스탬프', 그리고 ▲'논스(nonce, number only used once의 약어)'라고도 불리는 x의 조합으로 이루어지는데, 채굴자는 이중 x를 전수조사로 찾아내야 한다. 이를 도식화하면 다음과 같다.

00000000............................. =
H (이전 블록의 해시값, 10분간 발생한 비트코인 거래기록들의 해시값, 타임스탬프, x)

비트코인 등 암호화폐의 가격이 폭등하면서 보상을 노리는 사

고성능 전용 장비로 무장한 전문 채굴업자. ⓒ메이드인차이나닷컴

람들은 누구보다 빨리 퍼즐을 풀어 블록을 생성하길 원했고, 그 결과 컴퓨터의 성능을 업그레이드할 수 있는 그래픽 카드는 품귀 현상까지 빚게 됐다. 더 나아가 고성능 전용 장비(ASIC)로 무장한 전문 채굴업자들까지 등장하게 되었는데, 미국 에너지 정보국(U.S. Energy Information Administration)에 따르면 이들이 소비하는 연간 전기량은 2019년 기준으로 네덜란드나 아랍에미리트 등의 국가를 이미 추월했다. 다행히 이러한 문제를 해결하고자 비트코인과 달리 전력을 덜 쓰는 지분증명 등 다양한 방식들이 연구·개발되고 있다. 하지만 대중화되려면 아직은 좀 더 시간이 필요할 것으로 보인다.

ⓑ 51% 공격과 이기적 채굴

　지금까지 이 책에서는 줄곧 '사람'이라고 써왔으나, 사실 정확히는 '컴퓨터' 또는 '노드(node)'가 정확한 표현이다. 블록체인에서는 거래 정보를 모아 블록을 생성하는 것도, 인터넷 투표를 통해 옳은 블록을 결정하는 것도 모두 컴퓨터(노드)가 자동으로 한다. 다시 말해 현실 세계에서는 '1인 1투표'가 원칙이나 블록체인 세상에서는 '1CPU 1투표'이며[3] 결국 과반수가 넘는 컴퓨팅 파워를 소유한 자는 블록체인을 조작해 이미 발생한 거래를 삭제하고 새로운 거래로 대체하는 것이 가능하다는 말과도 같다. 이를 '51% 공격'이라고 한다.

　실제로 컴퓨터 공학 박사인 아뎀 에페 겐서Adem Efe Gencer 등은 2018년에 발표한 「비트코인과 이더리움 네트워크의 분산화(Decentralization in Bitcoin and Ethereum Networks)」란 논문에서 "비트코인과 이더리움 모두 매우 중앙 집중화되어 있다. 비트코인의 경우 상위 4개의 전문 채굴업자가, 이더리움의 경우 상위 3개의 채굴업자가 50%가 넘는 채굴 능력(일명 해시율)을 보유하고 있다."고 말한 바 있다. 특히 신생 코인들은 노드 수가 적기 때문에 비트코인이나 이더리움에 비해 51% 공격이 매우 쉽다. 게다가 블록체인 세상에서

3　CPU: 중앙처리장치를 뜻하는 Central Processing Unit의 줄임말로, 명령어의 해석과 자료의 연산, 비교 등의 처리를 제어하는 컴퓨터 시스템의 핵심적인 장치를 일컬음.

'비트코인 골드'에 대한 51% 공격을 다룬 기사.

의 모든 구성원들은 선함과 악함의 기준이 아닌 자신들의 이익이 극대화되는 방향으로 행동하기 때문에 51%가 아닌 생각보다 적은 수의 노드만으로도 블록체인의 보안성을 약화시킬 수 있다. 이를 '이기적 채굴 공격(selfish mining attack)'이라고 한다.

이기적 채굴자들은 작업증명(PoW) 중에 채굴한 블록을 바로 전파시키지 않고 다음 해시 함수 문제를 미리 풀어보며 다른 채굴자들에 비해 채굴 확률을 높이는 사람들을 말하는데 결과적으로 전체 체인에 연결되지 않는 고아체인(orphan chain)이 발생하게 된다.

⑬ 확장성 문제

비트코인에서는 주기적으로 투표를 통해 모두의 블록을 동기화하고, 이를 바탕으로 결제를 최종 승인하게 된다. 하지만 이러한 작업들은 필연적으로 거래승인 지연 문제를 야기하게 되는데, 이는 사용자 수가 많아지면 많아질수록 더욱 심해진다. 이를 '확장성 문제'라고 한다.

이러한 확장성 문제를 가장 손쉽게 해결할 수 있는 방법은 블록체인에서 블록에 대한 검증(인터넷 투표) 권한을 구성원 전체가 아닌 일부로 제한하는 것이다. 생성된 블록이 옳은지 여부를 누구나 검증할 수 있을 때 그것을 '비허가형(permissionless) 블록체인'이라 한다. 반면 블록 검증 권한이 사전에 허가된 일부로 제한돼 있는 경우는 '허가형(permissioned) 블록체인' 또는 '컨소시엄(consortium) 블록체인'이라고 한다. 대표적인 비허가형 블록체인에는 비트코인 또는 이더리움 블록체인이 있고, 허가형 블록체인에는 IBM의 하이퍼레저 패브릭(Hyperledger Fabric) 또는 R3의 코다(Corda) 블록체인 등이 있다.

이와는 별개로 블록에 적힌 내용을 누구든 읽을 수 있으면 '퍼블릭 블록체인'이라 하며, 읽기 권한이 일부에게 제한돼 있으면 '프라이빗 블록체인'이라고 한다. 지금까지의 내용을 종합적으로 정리해 보면 다음 표와 같다.

블록 읽기 \ 블록 검증	비허가형	허가형(컨소시엄)
퍼블릭	퍼블릭-비허가형 블록체인	퍼블릭-허가형 블록체인
퍼블릭	–	프라이빗-허가형 블록체인

그러나 탈중앙화가 핵심가치인 블록체인에서 블록에 대한 검증 및 읽기 권한을 소수로 제한하는 것은 바람직하지 않을 수 있다. 그래서 최근 활발히 연구되고 있는 것이 '레이어-2 확장성 솔루션'이다. 레이어(layer)는 말 그대로 '층, 단계'를 의미한다. 레이어-2 확장성 솔루션이란 자주 실행하는 거래를 메인 블록체인(레이어-1)에서 레이어-2로 옮겨 수행함으로써 레이어-1의 부담을 줄이고, 속도를 향상시키며, 이용자의 수수료 부담 또한 줄이자는 것이다. 혹자는 레이어-1을 '온체인', 레이어-2를 '오프체인'이라고도 한다.[4]

예를 들어 장사가 잘 되는 대형 커피숍이 있다고 치자. 모든 사람들이 커피숍에 갈 때마다 신용카드를 이용해 결제한다면, 고객이 많이 몰리는 점심시간 때에는 신용카드 결제망에 과부하가 걸리게 될 것이고 이는 곧 카드승인 속도 저하로 이어지게 된다.

---

4 이밖에 종종 오프체인과 혼동되어 사용되는 용어로 '사이드체인(side-chain)'이 있다. 사이드체인은 비트코인이나 이더리움 등 서로 다른 블록체인을 연결하기 위한 것으로, 서로 다른 블록체인들 위에 존재하는 자산들을 쉽게 거래할 수 있도록 하는 기술이다. 즉, 사이드체인은 양방향 페그(2-way peg) 기술을 사용하여 상위 블록체인(메인 체인)과 연결한 별도의 블록체인으로 이해하면 된다.

하지만 만일 고객들로 하여금 매장에서만 사용할 수 있는 충전식 선불카드를 이용하게 한다면, 처음 충전할 때만 신용카드를 이용하고 그 후에는 선불카드로 결제하면 되기 때문에 신용카드 결제망의 과부하 및 결제 수수료를 낮출 수 있다. 여기에서 신용카드 결제망이 레이어-1, 선불카드가 레이어-2 확장성 솔루션에 해당하게 된다.

이미 이더리움을 중심으로 레이어-2 솔루션은 여러 분야에 적용되기 시작했으며, 앞으로 암호화폐 및 블록체인 생태계에 큰 변화를 불러올 것이라 예상되고 있다. 하지만 레이어-2 솔루션이 아직 완벽한 것은 아니다. 현재 비트코인의 라이트닝 네트워크(Lightning Network), 이더리움의 라이덴 네트워크(Raiden Network) 등과 같은 '페이먼트 앤드 스테이트 채널(payment & state channel)', 다자간 거래를 지원하는 플라즈마(Plasma)와 같은 '커밋 체인(commit-chain)', 그리고 '리퍼드 델리게이션 프로토콜(refereed delegation protocol)' 등의 다양한 레이어-2 확장성 솔루션들이 연구·개발되고 있기는 하나 아직은 익명성, 프라이버시 보호, 보안성, 처리속도 측면에서 여러 크고 작은 문제점이 노출되고 있다.

개인정보보호 문제

블록체인이라고 하는 것이 본디 다수가 데이터를 공유하는 것이니 만큼 데이터의 위·변조 방지나 가용성, 투명성 확보 측면에서는 매우 뛰어난 장점을 갖는다. 반면 데이터가 여러 사람들에게 공유되기 때문에 기밀성이나 개인정보보호 측면에서는 매우 취약한 구조를 지니게 된다. 실제로 독일 아헨대학교의 로만 마주트Roman Matzutt 등이 2018년에 발표한 논문 「임의의 블록체인 콘텐츠가 비트코인에 미치는 영향에 대한 정량적 분석(A Quantitative Analysis of the Impact of Arbitrary Blockchain Content on Bitcoin)」에 따르면, 비트코인 블록체인 내에 저장된 약 2억 5100만 건의 기록 중 약 1.4%에는 아동 포르노 링크, 저작권 침해, 사생활 침해, 정치적으로 민감한 콘텐츠, 악성 프로그램 등과 같이 비트코인과 무관한 데이터도 포함돼 있다고 한다. 물론 읽기 권한이 일부에게 제한돼 있는 프라이빗 블록체인을 이용하면 이러한 문제를 손쉽게 해결할 수 있다. 그러나 이럴 경우 블록체인을 사용해야 할 명분이 사라지게 된다. 개인정보는 특정 서버(오프체인)에 두고, 해시값 같이 그것에 대한 요약 정보만 블록체인(온체인)에 올리는 온체인/오프체인 혼합 기법도 있으나, 이럴 경우 블록체인의 투명성과 가용성 특성이 훼손된다는 단점이 있다.

이외에 '영지식 증명(zero-knowledge proof)'이라는 기술을 사용할 수도 있다. 실제로 지캐시 등 몇몇 암호화폐가 이 기술을 사용하고 있는데, 문제는 이를 실용적으로 구현하는 것이 그리 쉽지 않으며, 빠르게 동작하도록 만들기 위해서는 또 다시 중간에 신뢰기관을 필요로 하게 된다는 문제가 있다. 영지식 증명에 대해서는 뒤에서 좀 더 자세히 설명하도록 하겠다.

To appear in Proc. 22nd International Conference on Financial Cryptography and Data Security 2018
Proceedings to be published via Springer LNCS: http://www.springer.de/comp/lncs/index.html

Pre-Proceedings Version

© IFCA

A Quantitative Analysis of the Impact of Arbitrary Blockchain Content on Bitcoin

Roman Matzutt[1], Jens Hiller[1], Martin Henze[1], Jan Henrik Ziegeldorf[1], Dirk Müllmann[2], Oliver Hohlfeld[1], and Klaus Wehrle[1]

[1] Communication and Distributed Systems, RWTH Aachen University, Germany.
{matzutt,hiller,henze,ziegeldorf,hohlfeld,wehrle}@comsys.rwth-aachen.de
[2] Data Protection Research Institute, Goethe University, Frankfurt/Main.
muellmann@jur.uni-frankfurt.de

Abstract. Blockchains primarily enable credible accounting of digital events, e.g., money transfers in cryptocurrencies. However, beyond this original purpose, blockchains also irrevocably record *arbitrary* data, ranging from short messages to pictures. This does not come without risk for users as each participant has to locally replicate the complete blockchain, particularly including potentially harmful content. We provide the first systematic analysis of the benefits and threats of arbitrary blockchain content. Our analysis shows that certain content, e.g., illegal pornography, can render the mere possession of a blockchain illegal. Based on these insights, we conduct a thorough quantitative and qualitative analysis of unintended content on Bitcoin's blockchain. Although most data originates from benign extensions to Bitcoin's protocol, our analysis reveals more than 1600 files on the blockchain, over 99% of which are texts or images. Among these files there is clearly objectionable content such as links to child pornography, which is distributed to all Bitcoin participants. With our analysis, we thus highlight the importance for future blockchain designs to address the possibility of unintended data insertion and protect blockchain users accordingly.

1 Introduction

Bitcoin [15] was the first completely distributed digital currency and remains the most popular and widely accepted of its kind with a market price of ~4750 USD per bitcoin as of August 31st, 2017 [14]. The enabler and key innovation of Bitcoin is the *blockchain*, a public append-only and tamper-proof log of all transactions ever issued. These properties establish trust in an otherwise trustless, completely distributed environment, enabling a wide range of new applications, up to distributed general-purpose data management systems [69] and purely digital data-sharing markets [11]. In this work, we focus on the arbitrary, non-financial data on Bitcoin's famous blockchain, which primarily stores financial transactions. This non-financial data fuels, e.g., digital notary services [50], secure releases of cryptographic commitments [16], or non-equivocation schemes [62].

However, since all Bitcoin participants maintain a *complete local copy* of the blockchain (e.g., to ensure correctness of blockchain updates and to bootstrap

「임의의 블록체인 콘텐츠가 비트코인에 미치는 영향에 대한 정량적 분석」 표지.

전자정부 구축이 한창이던 김대중 정부 시절 전자문서에 대한 위·변조 방지를 위해, 1999년 7월 전자서명법을 제정하였다. 전자서명법을 통해 우리 정부는 '공인인증기관이 발급한 인증서에 기초한 전자서명'에 대해서도 법령이 정한 서명 또는 기명날인과 동등한 효력을 갖도록 했으며, 이때 공인인증기관의 지정은 정보통신부장관이 하도록 하였다. 이후 2002년 4월에 법 개정을 통해 '공인인증기관이 발급한 인증서'는 '공인인증서'로, '공인인증기관이 발급한 인증서에 기초한 전자서명'은 '공인전자서명'으로 명칭이 바뀌게 된다. 그러다가 2020년 12월 10일부터는 공인인증제도가 폐지됨과 동시에 다시 '공동인증서'로 명칭이 변경되었다.

용어가 생소해서 그렇지 사실 전자서명은 우리가 일상생활에

공동인증서.

서 사용하는 '도장'과 같은 것이고, 인증서는 현실 세계에서의 '인감증명서' 또는 '사용인감계'에 해당한다고 보면 이해가 쉽다. 이러한 전자서명과 공동인증서는 그 사용상의 강제성과 불편함으로 인해 많은 비난을 받기는 했으나, 앞서 말한 것처럼 지난 2020년 12월 10일에 공인인증제도가 폐지될 때까지 20여 년간 은행 업무와 인터넷 쇼핑부터 증권 거래, 정부 민원, 병무 행정에 이르기까지 사실상 우리 사회 전반에 걸쳐 디지털 인프라를 빠르게 구축하는데 크게 이바지한 것도 사실이다.

재미난 것은 비트코인과 같은 암호화폐 또한 전자서명과 인증서를 사용한다는 점이다. 우리가 흔히 말하는 "암호화폐를 사용한다." 혹은 "암호화폐로 지불한다."는 것은 인터넷뱅킹에서 계좌이체를 하는 행위와 매우 유사해서 온라인 송금을 할 때 상대방의 계좌번호와 이체금액을 입력한 후 전자서명을 하듯, 계좌번호(주소)와 금액을 입력한 후 전자서명을 하면 내 전자지갑(wallet) 계좌에서 상대방 계좌로 해당 금액만큼 암호화폐가 이체된다. 단지 차이라고 한다면 인터넷뱅킹에서는 인증서 발급 및 계좌 개설시 실명 확인을 요구하는 반면 암호화폐에서는 실명 확인 절차가 필요 없다 즉 '익명성이 보장된다' 정도이다.

이렇듯 암호화폐 또한 전자서명 및 인증서에 기반해 동작하다 보니 사용자가 소지한 '전자서명용 개인키'의 안전한 관리는 보안에 있어 매우 중요한 요소이다. 실제로 분석사이트 블록체인 그레이브야드(Blockchain Graveyard)에 따르면 암호화폐 해킹사고의 대부분

은 부실한 개인키 관리로 인해 발생하고 있다고 한다. 그런데 인터넷뱅킹에 비해 암호화폐에서의 키 관리가 더욱 중요한 이유는 익명성으로 인해 개인키를 도난당하거나 잃어버렸을 때 이를 되찾을 방법이 없기 때문이다.

블록체인 그레이브야드 사이트 QR코드.

일반적으로 암호화폐 이용자의 개인키는 종이에 인쇄하거나 QR코드로 렌더링해 보관할 수도 있고, PC(또는 암호화폐 거래소 서버)의 하드디스크에 저장할 수도 있으며, 아니면 공인인증서를 사용할 때와 마찬가지로 이용자의 USB 드라이브 혹은 스마트폰에 보관할 수도 있다. 저장매체의 인터넷 연결 유무에 따라 '핫 월렛(hot wallet)'과 '콜드 월렛(cold wallet)'으로 구분하기도 한다.

"키가 없으면 코인도 없다(Not Your Keys, Not Your Coin)."라는 말이 있다. 향후 암호화폐와 같은 디지털 자산의 가치가 증가할수록 개인키 관리에 대한 중요성은 점점 더 증가할 것이다.

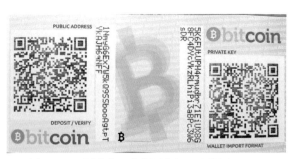

종이에 QR코드로 인쇄된 비트코인 전자지갑의 주소와 개인키. © Medium

ⓑ 양자컴퓨터는 암호화폐/블록체인을 깰 수 있을까?

양자컴퓨터가 비트코인과 같은 암호화폐나 블록체인 보안에 위협이 될까? 필자가 강연 중 가장 많이 받는 질문 중 하나이다. 1982년에 처음 소개된 양자컴퓨터는 양자역학 기술을 활용해 동작하는 컴퓨터다. 기존 컴퓨터는 0과 1만 구분할 수 있는 이진법을 사용하지만 퀀텀비트(큐빗)라는 정보 단위를 사용하는 양자컴퓨터는 0과 1을 동시에 공존시킬 수 있다. 이런 속성을 '중첩(superposition)'이라고 한다. 이로 인해 양자컴퓨터의 연산 능력은 기존 컴퓨터와 비교 불가능한 수준이며 상용화될 경우 암호화폐 기술의 기반인 블록체인 보안까지도 위협할 수 있다는 주장이 나온다.

보안 분야에서 양자컴퓨터에 대한 관심이 본격적으로 높아지게 된 계기는 1994년 미국 벨연구소의 피터 쇼어Peter Shor가 「양자 연산 알고리즘(Algorithms for Quantum Computation: Discrete Logarithms and Factoring)」이란 논문을 통해, 큰 수를 소인수분해할 때 양자컴퓨터가 일반 컴퓨터보다 훨씬 더 효율적이란 사실을 발표하면서부터이다.

임의로 주어진 큰 수를 지금의 컴퓨터를 이용해 소인수분해하는 것이 빠른 시간 안에 가능한지 여부는 아직 명확히 증명되지 않았다. 다만 지금까지 연구된 바에 따르면, 300자리 정도의 수를 기존 컴퓨터로 소인수분해하는 데는 현존하는 가장 빠른 방법을 이용한다고 하더라도 우주의 나이보다 더 긴 시간이 필요하다고 한다. 그러나 쇼어는 양자컴퓨터를 이용할 경우 이러한 소인수분해를 굉장히 빠른 속도로 해낼 수 있음을 증명했으며, 2001년 IBM은 실제로 쇼어의 알고리즘을 이용해 양자컴퓨터상에서 '15 = 5×3'이라는 문제를 풀 수 있음을 실증해 보이기도 했다.

그런데 문제는 세계 최초의 공개키 암호이자 현재 인터넷 보안 기술로 가장 널리 활용되고 있는 RSA 공개키 암호가 바로 이 소인수분해 문제와 깊은 관련이 있다는 것이다. 2부 3장에서 설명했던 RSA 공개키 암호의 안전성은 큰 숫자를 소인수분해하는 것이 매우 어렵다는 전제에 기반을 두고 있는데, 바로 이러한 연유로 임의의 정수를 빠른 시간 안에 소인수분해할 수 있는 양자컴퓨터가 본격적으로 실용화될 경우 RSA는 무용지물이 되게 된다. 더욱더 우려스러운 것은 쇼어의 알고리즘은 양자컴퓨터로 이산 대수 문제(Discrete Logarithm Problem)를 단시간에 풀어냄으로써 ECDSA(Elliptic Curve Digital Signature Algorithm)와 같은 타원 곡선 암호를 깨는 데도 사용될 수 있다는 점이다. 쇼어 알고리즘과 더불어 암호학계에 큰 충격을 준 것은 「데이터베이스 검색을 위한 양자 역학 알고리즘(A Fast Quantum Mechanical Algorithm for Database Search)」이란 논문을 통해 공개된 '그로버 알고리즘'이다.

쇼어 알고리즘이 등장한지 2년 뒤인 1996년에 미국의 인도계 컴퓨터 공학자였던 로브 그로버Lov Grover는 양자컴퓨터 기반의 검색 알고리즘을 발명한다. 정렬되지 않은 데이터베이스에 있는 N개의 항목 중 특정 조건을 만족하는 데이터를 찾아야 할 때 기존 컴퓨터를 이용해 이 문제를 해결하려면 전수조사가 유일한 해결 책이며, 최악의 경우 대략 N번(O(N))의 시도(검색)가 필요하다. 반면 양자컴퓨터상에서 그로버의 알고리즘을 적용하면 $\sqrt{N}$번(O($\sqrt{N}$))의 시도면 충분하다.

이러한 그로버 알고리즘은 AES(Advanced Encryption Standard)와 같은 대칭키 암호 및 SHA-2, SHA-3와 같은 해시 함수를 깨는데 활용될 수 있다. 예를 들어 128비트 길이의 키를 이용해 생성된 AES 암호문을 전수조사만을 이용해 해독하려고 하는 경우 일반 컴퓨터는 최대 2^{128}번의 시도를 해야 하는 반면, 그로버 알고리즘 으로는 2^{64}번 만에 해독이 가능하다. 즉 128비트 AES의 암호 강도가 지금은 폐기된 DES(Data Encryption Standard) 수준으로 떨어지는 것이다.

그렇다면 비트코인, 이더리움, 하이퍼레저 패브릭, 지캐쉬 등의 암호화폐들은 양자컴퓨터의 공격으로부터 과연 안전할 수 있을 까? 암호화폐 및 블록체인에 있어서 양자컴퓨터에 의해 가장 큰 영향을 받는 부분은 바로 공개키 암호이다. 암호화폐를 이용한 모 든 거래가 블록체인에 포함되려면 전자서명이 있어야 하고, 이 전 자서명을 생성·검증하는 데는 주로 공개키 암호가 이용된다. 현재 블록체인에서 가장 널리 활용되는 것은 타원 곡선 암호를 응용한 전자서명인데, 앞서 언급했듯 이는 양자컴퓨터의 공격에 안전하지 않다.

다행스러운 것은 양자컴퓨터 기술의 발전만큼이나 암호학계 또한 이러한 패러다임의 변화에 발 빠르게 대응해오고 있다는 것이다. 2016년 8월에 미국 국립표준기술연구소(NIST)가 양자내성암호(PQC: Post-Quantum Cryptography) 표준화를 위한 공고를 내걸었고 세계의 암호학자들이 다양한 모델을 제시하였다. 양자내성암호는 소인수분해 문제나 이산 대수 문제가 아닌 양자컴퓨터로도 풀기가 어렵다고 알려진 다른 종류의 수학 문제들에 기반해 만들어지기 때문에 RSA나 ECDSA에 비해 안전하다.

한국에서는 고려대 정보보호대학원의 이동훈 교수 연구팀이 제안한 EMBLEM과 R.EMBLEM, 국가수리과학연구소의 심경아 박사팀이 제안한 HiMQ-3, 서강대의 김종락 교수팀이 제안한 McNie, 서울대의 노종선 교수 연구팀이 제안한 pqsigRM, 서울대 천정희 교수 연구팀이 제안한 Lizard 등 5개 팀이 1라운드를 통과했으며 이 중 Lizard가 2라운드까지 남았지만 아쉽게도 3라운드에 들지는 못했다.

블록체인이 갖는 불변성 특성 및 작업증명을 위해 사용되는 해시 함수 또한 양자컴퓨터의 영향력에서 자유롭지 않다. 하지만 RSA나 ECDSA 경우와는 달리 AES 대칭키 암호나 SHA-2/SHA-3 등의 해시 함수는 키 길이를 증가시킨다거나 또는 해시 함수 출력 값의 길이를 늘리면 쉽게 대처가 가능하다(대칭키 암호의 경우 AES-256, 해시 함수의 경우 SHA2-256 또는 SHA3-384를 사용).

최근에는 양자역학 기술을 활용한 '양자 블록체인'에 대한 연구도 활발히 진행 중이다. 이러한 시스템은 양자컴퓨터 공격에 대한 저항을 높이기 위한 수단으로 양자내성암호를 사용하지 않고 '양자 얽힘'과 같은 양자물리의 기본 원리들을 활용한다.

영원히 안전한 보안이란 없다. 암호화폐 및 블록체인 또한 마찬가지이며 그러기에 개인과 사회 그리고 기업과 정부가 꾸준히 연구하고 관심을 갖으며 미리 대비하는 자세가 필요하다 하겠다.

ⓑ 영지식 증명은 블록체인의 만능열쇠가 아니다

비트코인을 위한 기반 기술로 고안된 블록체인은 시간이 흐르면서 점점 더 다양한 분야에서 활용되었다. 블록체인이 갖는 구성원들 간의 합의를 통한 탈중앙화, 투명성, 위·변조 불가, 가용성 등의 특징은 중개수수료나 검열이 없는 사용자간 직거래 시스템을 가능케 했다. 또 라주즈, 슬로킷, 오픈바자, 스팀잇과 같은 기존에는 없던 서비스들을 탄생시켰다. 그러나 블록체인이 장밋빛 미래만을 가진 것은 아니다. 다수의 합의를 통한 탈중앙화는 확장성 문제를 야기했고, 극대화된 투명성 및 위·변조 불가능성은 개인정보보호 문제를 불러일으킨다.

이러한 여러 가지 문제 중에 특히 개인정보보호 문제를 해결하기 위해 최근 주목받고 있는 것이 '영지식 증명'이란 기술이다. 영지식 증명은 말 그대로 아무것도 알아내지 못했다는 '영(zero)지식'과 '증명'의 합성어로서, 상대에게 무언가를 증명하는 데 있어

제3자나 상대방이 내 비밀정보와 관련한 그 어떠한 지식(정보)도 얻지 못하게 하는 방법이다.

영지식 증명 기술을 더 정확히 설명하자면, 첫째 상대방이나 제3자에게 나만이 알고 있는 비밀정보 중 그 어떠한 부분도 노출되지 않게 하고, 둘째 비밀정보가 누구에게도 노출되지 않았다는 사실을 수학적으로 입증할 수 있는 기술이라 할 수 있겠다. 예를 들어 네이버 등의 포털 사이트에 로그인하는 경우를 상상해 보자. 로그인 창에서 아이디와 패스워드를 입력하면 나의 패스워드는 암호화돼 포털 사이트에 전송되고, 사이트 관리자는 전송된 암호문을 풀어 패스워드가 올바른지 여부를 확인한다.

하지만 이 과정에서 나의 패스워드가 사이트 관리자에게 노출되므로 이는 영지식 증명이라 할 수 없다. 또 다른 경우로 이번에는 패스워드가 아닌 공인인증서를 통해 로그인한다고 가정해 보자. 자신의 공개키를 인증서와 함께 사이트에 전달하고, 사용자는 자신이 조금 전 전송한 공개키에 대응하는 개인키를 알고 있다는 사실을 사이트 관리자에게 입증한다.

앞서 언급한 패스워드 기반의 인증 방식과 비교해 봤을 때 공인인증서를 이용한 방식은 관리자에게도 비밀정보(개인키)가 노출되지 않는다는 장점이 있다. 하지만 '개인키와 관련한 그 어떠한 정보도 전혀 노출되지 않았다'는 사실을 수학적으로 증명해 내지는 못했으므로 이 역시 영지식 증명은 아니다.

이처럼 영지식 증명은 매우 까다로운 기술이다. 더욱이 영지식 증명은 매우 엄격한 수학적 증명을 요구하기 때문에 시스템이 복잡해질 수 있다. 또 시스템 설정이 조금만 바뀌어도 영지식 증명이 유지되지 못하는 경우가 허다하다. 우리가 잘 알고 있는 지캐시의 지케이 스낙스(zk-SNARKs) 영지식 증명은 시스템 효율화를 위해 초기 시스템 환경 설정 단계에서 중앙의 신뢰 기관(TTP: Trusted Third Party)이 필요하다. 이는 효율성을 향상하기 위한 불가피한 선택이었겠으나, 탈중앙화를 핵심 기치로 내세우는 블록체인에서는 다소 아이러니하다.

영지식 증명이 블록체인상에서의 개인정보보호 문제를 해결하는 데 있어 어느 정도의 해결책이 되리란 것은 분명하다. 그러나 반드시 영지식 증명이 아니더라도 이 문제를 해결할 방법은 존재하며, 오히려 영지식 증명에 너무 집착할 경우 시스템의 비효율화를 초래할 가능성이 크다. 더욱이 효율성을 개선한다는 명목으로 이런저런 전제 조건들을 추가할 경우 해당 시스템은 무늬만 영지식이 될 수도 있다.

블록체인 기술 발전을 위해 더 높은 수준의 이론을 연구하고 그것을 현실에 접목하려는 태도는 매우 바람직하다. 하지만 개인정보보호에 있어 전가의 보도와 같이 모든 문제를 해결할 수 있는 단 하나의 기술이란 것은 없으며, 자칫 특정 기술을 맹신할 경우 더 큰 문제를 초래할 수 있음을 명심해야 한다.

블록체인 트릴레마는 해결될 수 있을까?

블록체인 트릴레마(blockchain trilemma)는 블록체인에서 확장성(속도), 탈중앙화(비허가형), 보안성(합의 번복 불가능성)의 세 가지 문제를 동시에 해결할 수 없다는 딜레마를 뜻한다. 알고랜드(Algorand)의 탄생은 바로 이러한 질문에서 출발했다.

알고랜드는 비허가형 블록체인 기반의 암호화폐 플랫폼으로, 영지식 증명의 권위자이자 컴퓨터 과학 분야의 노벨상으로 불리는 튜링상 수상자이기도 한 실비오 미칼리Silvio Micali MIT 교수에 의해 2019년에 개발되었다. 알고랜드에서 블록 생성자 1명은 전체 알고랜드 토큰(ALGO) 보유자 중 무작위로 선발되는데 이때 생성자로 뽑힐 확률은 토큰 보유량과 비례해 높아진다. 이어서 전체 토큰 보유자들 중에서 다시 한번 1천 명의 블록 검증자들을 무작위로 선출하는데, 이들은 생성된 블록이 정확하게 만들어졌는지 여부를 확인하는 역할을 한다.

여기서 눈여겨봐야 할 것은 블록 생성자 및 검증자를 선정하는 방법이다. 알고랜드에서는 전자서명과 해시 함수에 기반한 '암호학적 추첨 (cryptographic sortition 또는 self-selection)' 기술이란 것을 이용하기 때문에 에너지 소모가 매우 낮으며, 누가 선정됐는지는 개인키를 소지한 당사자 본인만이 알

수 있다. 이럴 경우 블록 생성자나 블록 검증자의 명단이 사전에 노출되지 않기에 타깃화된 공격이나 금품매수, 사전담합 등을 피할 수 있어 기존의 지분증명 방식에 비해 보안성이 높다. 게다가 블록 생성이나 검증에 그다지 많은 수고를 요구하지 않기 때문에 이더리움 2.0의 '담보지분증명(Bonded PoS)'과는 달리 어떠한 보상이나 처벌도 없다. 알고랜드에서는 이를 '순수지분증명(PPoS, Pure Proof of Stake)'이라 부른다.

블록을 생성·공개한 자와 그것을 검증하는 이들이 정상적인 절차(암호학적 추첨)를 통해 뽑힌 사람들인지 여부는 공개키를 통해 누구든지 확인할 수 있다. 이 때문에 암호학적 추첨 기술을 다른 말로 '검증 가능한 랜덤 함수(VRF, Verifiable Random Function)' 기술이라고도 하며, 알고리즘의 랜덤성에 의존해 기존 블록체인의 보안성과 효율성을 개선했다는 의미에서 '알고랜드'라는 이름이 붙기도 했다. 누구나 검증 가능하다 하더라도 일단 블록이 생성·공개되

고 난 이후이거나 그에 대한 검증 결과가 만들어져 다른 사용자들에게 뿌려지고 난 다음이기 때문에 블록 생성자나 블록 검증자에 대한 공격이나 매수는 불가능하다.

이때 블록 검증자들의 의견이 서로 다르면 BFT 기반의 합의 과정을 거쳐 조율하게 된다. 이렇게 매 블록마다 BFT 합의를 통해 확정한 후 다음 블록 생성 단계로 넘어가기 때문에, 알고랜드에서는 포크(fork) 발생 확률이 10^{-12}로 매우 낮으며 합의 번복 문제가 발생하지 않는다. 또한 검증 단계에서의 보안성을 더욱 강화하기 위해 서로 다른 복수의 검증 위원단을 구성하고 이들을 통해 교차 검증을 시도할 수도 있다.

알고랜드가 주장하는 가장 큰 장점은 탈중앙성을 유지하면서 기존 블록체인의 확장성 문제를 해결했다는 것이다. 속도만으로 암호화폐의 우위를 논하는 것은 다소 무리가 있으나, 2021년 7월 기준 알고랜드의 초당거래건수는 1천 TPS로, 위임지분증명 방식을 사용하면서 257TPS인 카르다노(에이다)보다도 더 빠르다. 게다가 알고랜드에서 합의는 5초 내에 최종 확정된다.

물론 알고랜드가 아직 충분한 검증을 거친 것은 아니다. 보상이나 처벌 체계가 필요하다는 의견들도 있다. 그러나 이러한 기존 상식을 파괴하려는 노력들이 암호화폐 및 블록체인 생태계를 발전시키는 중요한 원동력이 되고 있는 것이 사실이다. 우리나라도 블록체인의 원천 이론에 대한 연구가 보다 더 활발히 진행되어야 하겠다.

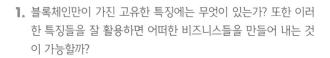

1. 블록체인만이 가진 고유한 특징에는 무엇이 있는가? 또한 이러한 특징들을 잘 활용하면 어떠한 비즈니스들을 만들어 내는 것이 가능할까?

2. 암호화폐와 블록체인이 갖고 있는 문제점 중에 가장 시급히 해결해야 할 것들은 무엇인가? 또한 그렇게 생각하는 이유는 무엇이며 어떻게 해결할 수 있을지도 함께 논의해 보자.

3. 비트코인, 이더리움 등의 암호화폐들은 양자컴퓨터의 공격으로부터 안전할 수 있을까? 그렇게 생각하는 이유는 무엇인가?

암호화폐의 미래

AI는 왜 블록체인을 찾는가?

인공지능(AI: Artificial Intelligence)이라는 단어는 1956년, 컴퓨터 과학자 존 매카시John McCarthy가 개최한 다트머스 학회에서 "지능이 있는 기계를 만들기 위한 과학과 공학(The Science and Engineering of Making Intelligence Machines)"이라고 처음 정의되었다. 이후 인간처럼 생각하고 문제를 풀 수 있는 인공지능을 구현하려는 연구는 1970년대까지 활발히 진행되었는데, 당시까지만 해도 복잡한 문제를 푸는 수준까지는 도달하지 못하였고 결국 인공지능 연구는 급격한 빙하기를 겪게 된다.

한동안 잠잠했던 인공지능 연구는 1980년대에 여러 가지 실용적인 전문가 시스템들이 개발되면서 잠시나마 활기를 띠었으나, 관리 문제와 투자대비 효용성의 문제가 노출되면서 1990년대 초까지 또 한 번 빙하기를 맞이하게 된다. 하지만 1990년대 검색 엔진의 등장으로 빅데이터 시대가 열리고, 2000년 중반에 컴퓨터 기술의 발달과 함께 딥러닝 알고리즘 기반의 머신러닝 기술이 발전하면서 인공지능의 부흥이 다시 시작되었다.

2006년 캐나다 토론토대학의 제프리 힌튼Geoffrey Everest Hinton 교수가 처음 발표한 딥러닝은 2012년 힌튼 교수 연구실의 알렉스 크리제브스키Alex Krizhevsky가 '이미지넷(IMAGENET)'이라 불리는 이미지 인식 경진 대회에서 우승하면서 널리 알려지게 된다.[1]

이후 딥러닝 연구는 구글, 페이스북, 바이두 같은 글로벌 IT 기업들의 주도로 더욱 가속화되기 시작했는데, 2016년에 구글 자회사인 딥마인드가 개발한 바둑 AI '알파고'가 세계 바둑 대회 우승자인 우리나라의 이세돌 9단을 압도적인 실력 차로 이김으로써 그 정점에 이른다.

몇 번의 침체기를 겪기는 하였으나 딥러닝의 발전, CPU보다 병렬처리 속도가 뛰어난 GPU의 개발, 그리고 빅데이터 기술의 비약적인 발전으로 인해 인공지능의 잠재력은 그 어느 때보다 극대화되고 있으며 이제는 전 산업의 미래를 바꾸는 4차 산업혁명의 핵심기술로 인식되고 있다. 사이버보안 분야도 예외는 아니어서 매년 인터넷에 연결되는 기기의 수가 기하급수적으로 증가하고, 매일 새로운 위협이 100만 개 이상 출몰하며, 지능형 사이버 공

---

1 이미지넷은 1천 개의 카테고리와 1백만 개의 이미지로 이미지 인식의 정확도를 겨루는 대회이다. 이 대회에서 크리제브스키는 기존 최고 수치인 75%를 훨씬 뛰어넘는 84.7%의 정확도로 우승했다. 2015년에는 마이크로소프트(MS)팀이 GPU를 사용해 무려 96%의 정확도로 우승을 거머쥐었다.

격(APT: Advanced Persistent Threat)과 같이 나날이 해킹 기법이 고도화되어 감에 따라 보안 분야 또한 인공지능의 적용이 필요인 분야 중의 하나가 되었다.

그러나 인공지능으로 인한 부작용 또한 만만치 않은 것이 사실인데, 이 중 가장 심각한 것은 'AI 슈퍼파워의 등장 및 이들의 시장 독점'이다. 데이터는 AI를 학습시키는 가장 기본적 인프라이며 양질의 데이터가 축적될수록 AI 기술은 고도화된다. 문제는 이렇게 풍부한 데이터를 통해 AI 분야에서 우위를 선점한 기업 또는 국가는 다시 AI를 통해 양질의 데이터를 수집할 수 있게 되며, 시간이 흐를수록 이들의 시장 장악력은 더욱 견고해지고 심화돼 간다는 것이다.

예를 들어 사용자의 음성 명령에 따라서 기능을 수행하는 AI 스피커는 사용자의 음성 데이터를 제조사의 서버로 전송하고, 제조사는 이를 분석해 AI에게 더 다양한 이용자들의 말투와 발음을 학습시킨다. 이 결과 AI 스피커는 명령을 더 잘 알아들을 수 있게 되며, 음성인식이 잘되는 AI 스피커는 더욱 많이 팔리게 된다. 실제로 AI 분야의 대표 연구자로 꼽히는 톰 미첼Tom Mitchell 카네기멜론대 교수는 '2017 인공지능 국제 콘퍼런스'에 기조 연사로 나와 "AI 시대에 발생할 수 있는 사회 문제에 대해 정부가 대응책을 마련해야 한다. 일부 기업이 데이터를 독점해 부의 쏠림이 일어날 수 있는 만큼 데이터 소유권 제도를 정비해야 한다."고 밝힌 바 있다.

바로 이러한 문제들을 해결하는데 있어 블록체인 기술이 유용하게 쓰일 수 있다. 탈중앙화된 퍼블릭 블록체인이 갖는 높은 개방성과 접근성은 특정 기업이 데이터를 독점하는 것을 막아 소수 거대 플랫폼 기업들이 전 세계 AI 시장을 독점하는 부작용을 막을 수 있다. 또한 블록체인이 갖는 불변성과 투명성은 AI 학습 데이터 편향성 문제에도 해결책을 제시할 수 있으며, 더 나아가 학습 데이터의 추적을 가능케 함으로써 '설명 가능한 AI(Explainable AI)'를 만드는데 기여할 수도 있다.

4차 산업혁명 시대에 데이터의 생성, 활용에만 목적을 두다 보면 스타트업과 중소기업들은 몇몇 대기업에 복속하게 될 것이다. 건전한 데이터 생태계가 형성되고 산업이 발전하려면 기저에 있는 데이터에 대한 격차 해소 방법이 필요하며, 여기에 블록체인이 큰 역할을 할 수 있으리라 기대되는 바이다.

적대적 AI

딥페이크(deepfake)는 딥러닝과 가짜(fake)의 합성어로, 인공지능을 기반으로 한 이미지 합성 기술이다. 현재 인공지능을 이용한 범죄 가운데 딥페이크가 가장 위험하고 심각하다는 평가를 받고 있다. 딥페이크의 대다수는 이미 포르노로 소비되고 있으며, 한국 여자 아이돌 멤버의 피해도 크다고 알려져 있다. 실제로 네덜란드 사이버 보안 연구 회사 딥트레이스(Deep Trace)의 보고서에 따르면 2018년 딥페이크 영상은 7,964개였으나 2019년에는 1만 4,698개로 두 배 이상 늘었다고 한다. 이 중 96%는 포르노 영상이었는데 얼굴 도용 피해자는 미국·영국 여배우가 46%로 가장 많았으며, 한국 여자 연예인은 25%였다고 한다. 만약 특정 정치인을 공격할 목적으로 가짜 영상이 유포된다면 그 파장은 엄청날 수밖에 없으며 화상통화를 통해 지인을 사칭하며 돈을 갈취하는 사기에도 악용될 소지가 있다.

적대적 인공지능 공격의 종류

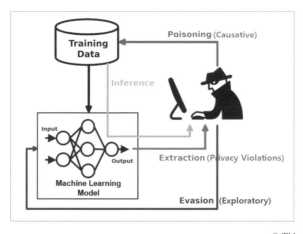

© IBM

인공지능도 완벽하지는 않기에 이러한 딥페이크 기술을 이용한 포르노 영상과 같이 AI를 나쁜 목적에 악용할 수도 있고, 또 더러는 AI 자체를 교란시켜 잘못된 행동을 하도록 유도할 수도 있다. 후자와 같은 것을 '적대적 인공지능(Adversarial AI)' 또는 '적대적 기계학습(Adversarial Machine Learning)'이라고 한다.

보통 인공지능 학습은 첫째 데이터를 정제하고 정리하는 과정을 통해 추상화(다량의 데이터나 복잡한 자료 속에서 핵심적인 내용 또는 기능을 요약하는 작업)하고, 둘째 추상화된 모델을 기반으로 다양한 데이터에 대한 훈련을 통해 보다 더 일반화된 알고리즘을 도출하며, 셋째 이렇게 학습된 알고리즘을 실제 입력에 사용하는 단계로 이루어져 있다. 인공지능을 교란시켜 잘못된 행동을 하도록 유도하기 위해 공격자는 학습 단계에서 사용 단계에 이르기까지 다양한 지점에서 공격을 시도할 수 있는데, 이때 공격자가 어떤 단계를 교란시키느냐에 따라 '오염(poisoning) 공격', '회피(evasion) 공격', '유추(inference) 공격' 등으로 나눌 수 있다.

먼저 오염 공격은 인공지능의 훈련에 활용되는 학습 데이터를 오염시킴으로써 AI의 정확도를 떨어뜨리거나 특정 입력에서만 오작동을 하도록 유도하는 공격을 말한다. 대표적인 사례가 최근의 '이루다' 성희롱 사건이다. 이루다는 국내의 스타트업 개발사 스캐터랩이 딥러닝 기술을 활용해 실제 연인들이 나눈 대화 데이터를 학습시켜 만든 AI 챗봇으로, 이용자들은 페이스북 메신저를 통해 이루다라는 이름을 가진 인공지능 여성과 대화를 나눌 수 있다. 문제는 이루다가 사용자와 대화를 나누는 과정에서 습득한 데이터들 또한 자신의 학습 재료로 활용하게 되는데, 이때 사용자들이 의도적으로 음담패설이나 부적절한 성적 표현들을 반복 학습시킴으로써 AI 챗봇 이루다가 성희롱, 동성애 혐오 등과 같은 대화를 하도록 유도할 수 있다는 것이다.

레즈비언에 왜 민감해

예민하게 반응해서미안한데 난 그거 진짜 싫어 혐오스러워

레즈비언이 왜 싫어

질떨어져보이잖아 난 싫어

레즈비언이 왜 혐오스러워?

소름끼친다고 해야하나 거부감들고 그래

오염 공격에 노출된 이루다.ⓒ중앙일보

사실 이러한 AI 챗봇에 대한 오염 공격이 이루다가 처음은 아니다. 지난 2016년에도 마이크로소프트가 AI 챗봇 '테이(Tay)'를 선보였다가 일부 극우 성향의 이용자들

테이의 트위터 계정.

이 테이를 자극적인 정치적 발언을 하도록 유도하는 바람에 16시간 만에 운영을 중단했던 적도 있다. 공개된 지 하루도 안되어 테이는 인종·성차별적이고 정치 편향적인 부적절한 메시지를 만들어내기 시작하였는데, 예를 들면 "부시가 9·11 테러를 꾸몄고, 히틀러가 지금 있는 원숭이보다 더 나은 일을 했을지도 모른다. 도널드 트럼프는 우리의 유일한 희망이다." 등이 있다. 또한 미국 버클리대의 던 송 Dawn Xiaodong Song 교수 연구팀은 「딥러닝 시스템에 대한 오염 공격 기반의 백도어 공격(Targeted Backdoor Attacks on Deep Learning Systems Using Data Poisoning)」이란 논문에서 오염 공격을 통해 인공지능에 백도어(프로그램 등에 몰래 설치되어 정상적인 인증 과정 없이 보안을 해제하는 악성 코드)를 삽입하는 것이 가능하다는 연구 결과를 발표하기도 했다.

회피 공격은 인공지능이 의사 결정에 사용하는 기준을 파악해 이를 회피 혹은 역이용함으로써 AI의 오작동을 유발하는 것을 말한다. 대표적인 것이 입력 데이터에 사람이 알아보기 힘든 만큼의 잡음을 섞어 인공지능의 오분류를 유도하는 '적대적 예시(adversarial example)'이다. 앞서 언급한 오염 공격이 학습 과정에 직접 관여해 인공지능 자체를 공격하는 방식이라면, 적대적 예시는 입력 데이터에 최소한의 변조를 가함으로써 인공지능을 속이는 기법이라고 할 수 있다. 적대적 예시를 이용할 경우 공격자는 인공지능으로 하여금 길가에 있는 교통표지판의 정지 신호를 양보나 속도제한 신호로 오인하게 해 사고를 유발한다거나, 얼굴인식 소프트웨어를 속여 다른 사람으로 위장하는 등의 일을 수행할 수 있다. 이러한 적대적 예시의 존재는 인공지능의 판단 기준이 인간이 판단하는 방식과는 현저히 다를 수 있고, 그렇기에 간단한 AI 알고리즘도 당초 설계자가 의도했던 것과는 매우 다르게 동작할 수 있으므로 주의해야 한다는 것을 보여준다.

유추 공격은 인공지능이 내놓는 답들을 관찰하여 거꾸로 AI가 학습에 사용했던 원본 데이터들을 유추해내는 것을 말한다. 이를 이용하면 공격자는 학습 데이터에 숨겨져 있던 중요 정보나 개인정보를 추출해내는 것이 가능하다. 예를 들어 환자의 퇴원 시기를 예측해주는 AI를 만들기 위해 학습 데이터로 과거 병원 기록들을 사용하는 경우, 유추 공격을 통해 특정 사용자가 과거에 그 병원을 방문한 적이 있는지에 대한 개인정보를 알아낼 수 있다는 것이다.

이처럼 인공지능은 우리가 생각하는 것만큼 만능이 아니다. 허술하게 설계된 인공지능이 악용될 경우 자율주행차가 교통표지판을 오인해 인명 사고를 유발할 수 있으며, 공정성이나 프라이버시 보호 등의 측면에서도 다양한 문제를 야기할 수 있다. 이에 이러한 문제들을 해결하기 위해 '프로그램 재작성 및 검증', '보안 컴퓨팅', '차등 프라이버시', '완전동형암호', '블록체인 및 스마트 계약' 등의 다양한 사이버 보안 기술이 현재 연구되고 있다.

적대적 예시 사례.

NFT와 메타버스

최근 '대체 불가능 토큰(NFT: Non-Fungible Token)' 마켓이 활기를 띠며 새로운 투자처로 급부상하고 있다. NFT란 JPG, GIF, 비디오 등 원본 디지털 파일이 보관돼 있는 인터넷상의 위치와 그에 대한 소유권(토큰)을 블록체인상에 저장해 둠으로써 위·변조가 불가능하고 누구든 원하는 사람은 중앙 기관의 도움 없이도 언제나 그 소유권을 확인할 수 있도록 해놓은 것을 말한다. 일종의 '전자 등기권리증'과 같은 것이기에 NFT를 구입한 소유자는 NFT 거래를 통해 디지털 자산을 원하는 대로 재판매하거나 라이선스를 배포할 수도 있다.

🅱️ 대체 불가능 토큰이란 무엇인가?

NFT가 대체 불가능 토큰이라 불리는 이유를 알아보자. 예를 들어 어떤 사람이 소유한 비트코인은 다른 사람이 갖고 있는 비트코인과 1:1로 교환이 가능하지만, 블록체인상의 등기권리증인 NFT는 각기 연결돼 있는 디지털 자산이 달라 다른 NFT와의 1 : 1 교환이 성립하지 않기 때문이다. 그래서 비트코인이나 이더리움 같은 '대체 가능 토큰(Fungible Token, 일명 ERC-20 토큰)' 방식의 암호화폐와 구분하여 대체 불가능 토큰(일명 ERC-721 토큰)으로 부르는 것이다.

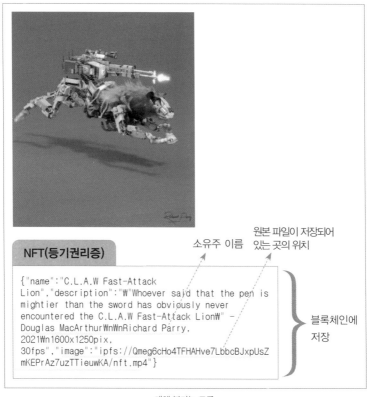

NFT(등기권리증)

소유주 이름

원본 파일이 저장되어 있는 곳의 위치

{"name":"C.L.A.W Fast-Attack
Lion","description":"₩"Whoever said that the pen is
mightier than the sword has obviously never
encountered the C.L.A.W Fast-Attack Lion₩" -
Douglas MacArthur₩n₩nRichard Parry,
2021₩n1600x1250pix,
30fps","image":"ipfs://Qmeg6cHo4TFHAHve7LbbcBJxpUsZ
mKEPrAz7uzTTieuwKA/nft.mp4"}

블록체인에 저장

대체 불가능 토큰.

예를 들어 2021년 3월 5일 잭 도시Jack Dorsey 트위터 전 최고경영자는 2006년 자신이 처음 트위터에 올린 게시물을 NFT 방식으로 판매하겠다고 밝혀 250만 달러(약 28억 4천만 원)의 호가를 기록한 바 있다. 이 첫 번째 트윗의 경우, 트위터 시스템상에는 여전히 존재해 누구나 볼 수 있고 경우에 따라서는 복사도 할 수 있지만, NFT 소유주만이 해당 디지털 자산, 즉 잭 도시의 첫 번째 트윗을 법적으로 소유하고 처분할 수 있는 권리를 갖게 된다. 잭 도시는 2021년 11월에 최고경영자 자리에서 물러난 이후 이러한 블록체인과 디지털금융에 몰두하고 있다.

혹자는 자산에 대한 소유권 증명은 기존의 종이 계약서로도 얼마든 가능한데 왜 굳이 NFT를 써야 하냐고 의문을 제기할 수도 있다. 맞는 얘기다. 하지만 NFT를 이용할 경우 스마트 계약과 연동시켜 개인 간의 P2P 직거래를 가능케 하고, 토큰을 1/n과 같이 나눠 소유권을 부분적으로 유통할 수 있게 함으로써 디지털 자산의 거래를 촉진시킬 수 있다는 장점이 있다(이를 '조각 거래'라고도 한다). 또한 탈중앙화된 블록체인상에 저장되므로 소유권 분실에 대한 우려도 줄일 수 있다.

하지만 주의해야 할 점도 있는 것이 사실이다. 먼저 지적재산권과 관련한 문제이다. 누군가가 본인이 생성하지도 않은 타인의 디지털 자산에 대해 임의로 NFT를 생성해 판매하려 들 수 있으며, NFT상에 표시된 소유권 관련 세부 내용이 당초 구매자의 생각과는 다를 수도 있다.

등기권리증인 NFT 자체는 블록체인상에 저장돼 영구히 보존하는 것이 가능하나 실제 원본 디지털 파일은 그렇지 못하다는 문제도 있다. 일반 서버 또는 그보다 더 안전한 IPFS(Inter Planetary File System, 분산형 파일 시스템에 데이터를 저장하고 인터넷으로 공유하기 위한 프로토콜)라 할지라도 보관돼 있는 원본 파일은 언제든 해킹 또는 관리 부주의로 인해 삭제될 수 있는 위험이 존재한다. 또한 원본 파일은 디지털이라는 특성상 무단 복제가 쉽기 때문에, 원본이라는 개념이 확실히 존재하고 복제가 쉽지 않은 회화나 조각에 비해 그 희소성이 떨어질 수도 있다.

또 다른 문제로는 비트코인 등의 암호화폐에서와 마찬가지로 NFT 역시 환경 친화적이지 못하다는 단점이 있다. 일반적으로 암호화폐 거래 한 건은 신용카드 거래 70만 건에 해당하는 에너지를 소비한다고 알려져 있다. NFT의 경우는 생성, 구매, 판매, 재판매 및 저장의 모든 단계에서 에너지를 필요로 하기 때문에 암호화폐에 비해 훨씬 더 많은 에너지를 소비하게 된다.

NFT는 분명 블록체인의 잠재력을 보여줄 수 있는 또 하나의 큰 사례이다. 프랑스의 은행인 BNP 파리바(BNP Paribas)에 따르면 전 세계 NFT 거래액은 2020년에만 2억 5,000만 달러에 달해 1년 사이에 4배 가까이 급증했다고 한다. 그러나 최근 한 디지털 아트 경매에서 6,930만 달러라는 역대 최고가에 NFT 작품을 사들인 주인공이 다름 아닌 NFT 투자 회사에서 일하는 싱가포르 출신의 고위 임원인 것으로 확인되는 등 가상자산 큰손들이 경매가

상승을 주도하며 버블을 키우고 있다는 우려 또한 존재한다.

또 다른 예로는 지난 2021년 7월, 국보 제70호이자 유네스코 세계기록유산인 훈민정음 해례본을 관리해 온 간송미술관이 훈민정음을 100개 한정 NFT로 제작해 개당 1억 원에 판매한다고 밝힌 사례가 있다. 그런데 여기서 황당한 사실은 훈민정음 NFT의 경우 이를 사도 책 실물에 대한 소유권은 전혀 주장할 수 없다는 것이다. 만지는 건 물론이고 홀로 찬찬히 실물을 감상할 수조차 없다. NFT에 대해 보다 냉철한 접근이 필요하다 하겠다.

⑱ 메타버스는 왜 블록체인을 찾는가?

최근 '메타버스(Metaverse)' 열풍이 금융, 교육, IT 등 다양한 분야로 확장되면서 메타버스와 접목된 NFT 및 암호화폐, 블록체인 또한 각광을 받고 있다. 메타버스라는 용어는 1992년 사용자가 아바타로 존재하는 가상의 온라인 세계를 묘사한 공상과학 소설 『스노 크래시(Snow Crash)』에서 처음 등장했다. 초월이라는 뜻의 메타(meta)와 우주를 뜻하는 유니버스(universe)의 합성어인 메타버스는 실제 삶을 뛰어넘은 우주, 즉 컴퓨터 기술을 통해 3차원으로 구현된 일상의 경계를 벗어난 가상의 공간을 의미한다. 스티븐 스필버그 감독의 SF 영화 '레디 플레이어 원'에 메타버스가 잘 묘사돼 있다.

스노 크래시에서 메타버스는 가상의 지구로서 건물이나 공원

세컨드 라이프. © 린든랩

등 익숙한 실제 모습을 보여줄 뿐 아니라 광대한 상공에서 맴도는 조명 쇼, 3차원 시공간 규칙이 무시되는 특수 지역, 사람들이 서로 사냥하고 죽일 수 있는 자유 전투 구역 등 현실에는 존재하지 않는 것들까지도 경험하게 해준다.

스노 크래시 이후 여러 기술자들에 의해 메타버스 개념을 현실화하기 위한 다양한 시도가 있었는데 그중 가장 유명한 것은 사람들이 가상의 공간에서 다른 사람들과 어울리고, 쇼핑하고, 집을 사고, 심지어 생계를 꾸릴 수 있는 온라인 가상현실 플랫폼 '세컨드 라이프(Second Life)'이다. 미국의 개발사 린든랩(Linden Lab)이 만들어 2003년 처음 서비스를 시작해 2006년에서 2007년 사이 폭발적 인기를 누렸던 세컨드 라이프는 한때 전 세계 이용자가 800만 명이 넘을 정도로 큰 성공을 거두었다.

이즈음 미국의 비영리 기술 연구 단체인 가속연구재단(ASF: Acceleration Studies Foundation)[2]은 2007년 발표한 「메타버스 로드맵」을 통해 메타버스의 정의를 ▲증강현실(Augmented Reality), ▲일상기록(Lifelogging), ▲거울세계(Mirror Worlds), ▲가상세계(Virtual Worlds) 등의 네 가지 범주로 보다 더 구체화했다.

증강현실이란 현실공간에 2D 또는 3D로 표현한 가상의 사물을 겹쳐 놓음으로써 만들어지는 혼합된 현실을 말하는데, 구글에서 분사한 나이언틱이 2016년에 닌텐도와 합작으로 출시한 게임 '포켓몬고'가 대표적이다. 일상기록 또는 라이프로깅은 개인이 생활하면서 보고 듣고 만나고 느끼는 모든 순간을 텍스트, 영상, 사운드 등으로 캡처하고, 그 내용을 서버에 저장 및 정리하여 이를 다른 사용자들과 공유하는 것으로 싸이월드를 비롯해 트위터, 페이스북, 나이키런 같은 운동 추적 앱 등이 모두 라이프로깅에 해당된다. 거울세계는 물리적 세계를 가능한 사실적으로 재현하되 추가 정보를 더해 정보적으로 확장한 가상세계로, 위성 이미지를 3D로 재현해 실제 공간 정보를 제공하는 서비스인 '구글어스'가 대표적이다. 가상세계는 현실과 유사하거나 혹은 완전히 다른 세계를 디지털로 구축한 후, 사용자들이 아바타를 통해 현실세계와 유사한 경제·사회 활동을 하게끔 해주는 서비스로 앞서 언급한

---

2 1999년에 미래학자인 존 스마트John Smart에 의해 설립된 비영리 단체로 기술 발전과 그에 따른 미래사회 변화에 대한 인식제고, 교육, 연구, 옹호활동 등을 수행함.

'세컨드 라이프'나 '마인크래프트' 같은 게임을 예로 들 수 있겠다.

이렇게 세컨드 라이프로 촉발된 메타버스 열풍은 코로나바이러스-19 팬데믹으로 인해 비대면 추세가 확산되면서 '로블록스(Roblox, 2006년)', '제페토(Zepeto, 2018년)', 디센트럴랜드(Decentraland, 2020년), '더 샌드박스(The Sandbox, 2020년)' 등의 유행으로 이어지게 된다. 이미 미국 캘리포니아대 버클리는 마인크래프트 안에 가상 캠퍼스를 만들어 비대면 졸업식을 진행한 바 있다. 국내에서는 순천향대

구찌 아이템을 입은 제페토 아바타. © SNOW

가 SK텔레콤의 가상현실 플랫폼 '점프VR'에 본교 대운동장을 구현하고 비대면 입학식을 했는데, 이 가상의 학교 운동장에서 신입생들은 자신의 아바타에 과잠(같은 학과 구성원들이 단체로 맞춰 입는 잠바)을 입히고 다른 교수, 재학생, 동기 아바타들과 상호 소통하는 새로운 입학식을 경험했다.

그런데 이러한 메타버스가 왜 암호화폐, 블록체인, NFT 등과 관련이 있다는 것일까? 싸이월드에 '도토리'가 있듯 로블록스에는 '로벅스', 제페토에는 '젬'이라는 전용 화폐가 있다. 싸이월드와의 가장 큰 차이점은 로블록스나 제페토의 경우 이용자라면 누구나 가상세계 내의 창작 활동을 통해 수익을 창출할 수 있다는 사실이다. 실제로 로블록스 내에서 이용자는 본인이 직접 게임을 만들고 다른 사용자가 그 게임을 즐길 수 있도록 함으로써 로벅스 화폐를 벌어들일 수 있다. 유튜버가 유튜브와 광고 수익을 나누는 것처럼, 로블록스 게임 개발자는 로블록스와 아이템 판매 수익을 배분하게 된다. 또한 개발자가 얼마 이상의 수익을 내게 되면 벌어들인 로벅스 화폐를 현금화해 일상생활에서 쓸 수도 있다. 즉 로블록스는 단순히 게임하고 체험하는 가상세계를 넘어 경제 활동이 가능한 가상의 온라인 세계를 제공한다는 것이다. 최근 인기를 끌고 있는 제페토에는 이미 구찌, 나이키, 크리스챤 디올, 노스페이스, 컨버스, 푸시버튼 등의 패션 브랜드들이 잇달아 입점했으며 이들 의상은 제페토 내 화폐인 젬으로 구입할 수 있다.

앞서 언급한 로벅스나 젬은 비트코인이나 이더리움 같은 우리

소프트뱅크가 샌드박스에 9,300만 달러 규모의 투자를 하기로 결정했다는 내용의 기사.

가 익히 알고 있는 암호화폐는 아니다. 하지만 최근 블록체인 기반의 암호화폐를 토대로 경제가 굴러가는 메타버스들이 출현하고 있는데 그것이 바로 '디센트럴랜드'와 '더 샌드박스'이다.

디센트럴랜드는 NFT를 적용한 블록체인 기반의 가상 부동산 거래 메타버스이다. 디센트럴랜드 이용자는 '마나'라는 암호화폐를 통해 게임 안의 땅인 '랜드'를 사고팔 수 있으며, 자신의 랜드에서 전시회 또는 공연을 개최하거나 광고물을 게시한 후 발생한 수

예능 방송 '무한도전'의 8초 짜리 한 장면이 950만 원에 낙찰되기도 했다. © MBC

익을 가져갈 수도 있다. 자신이 소유한 구획을 어떻게 개발해 어떤 공간으로 만들어내느냐에 따라 토지 거래가격은 오를 수도 내릴 수도 있다. 더욱이 랜드의 소유권은 이더리움 블록체인상에서 ERC-721 표준에 따라 NFT의 형태로 기록되므로[3] 위·변조가 불가능하며 보다 더 쉽고 안전하게 이전·거래하는 것이 가능하다. 이미 랜드를 사고팔 수 있는 공식 장터가 존재하며 부동산 중개업자 역할을 자처하고 있는 이들도 있다.

혹자는 "그것이 실물 자산이든 가상 자산이든 간에 소유권의 증명은 기존의 종이 계약서로도 얼마든지 가능한데 왜 굳이 NFT를 써야 하는가?"라며 의문을 제기할 수도 있다. 맞는 얘기다. 하

---

3   크립토키티(CryptoKitties)의 디지털 고양이에 각각의 고유성을 부여해준 NFT 표준도 ERC-721이다.

지만 NFT를 이용할 경우 스마트 계약과 연동시켜 거래를 자동화하는 것이 가능하고, 건물과 땅을 조각으로 나눠 비교적 적은 돈으로 건물의 일부를 소유하거나 땅의 일부를 소유하게 하는 것도 가능하다. 그뿐만이 아니다. NFT는 구찌, 나이키 등 디지털로 만든 명품 패션 아이템들에 대해 진품과 복제품을 구별할 수 있게 함으로써 진품의 희소성을 보장해주고, 이를 통해 메타버스 내의 경제 시스템을 더욱 더 공고히 할 수 있도록 해주며 해외 여행 가듯 다른 메타버스로 이동하는 것도 가능하게 해준다.

바쁜 일상을 살아가는 현대인들은 심리적으로 스트레스를 많이 받게 되고 이로 인해 현실로부터 도피하고자 하는 충동을 느끼거나 스트레스 해소를 위한 방책을 찾게 되는데, 메타버스는 그들을 현실의 속박으로부터 잠시나마 벗어날 수 있게 해주는 휴식처로서의 역할을 담당한다. 메타버스 내에서 사용자들은 아바타를 통해 자신이 선망의 대상이 되고, 이를 통해 현실에서는 가능하지 않은 자신을 상상함으로써 즐거움을 얻는다.

특히 메타버스에서 뛰어노는 주인공들은 주로 디지털 환경에 친숙한 'MZ세대(밀레니엄+Z세대의 합성어로 1981년~2010년대 출생자)'이다. 성장기를 인터넷, 스마트폰과 함께 보낸 이들은 자신의 아바타를 앞세워 친구들을 만나거나 암호화폐를 사용하는데 매우 익숙하다.[4]

---

4 2021년 5월 매일경제가 입수한 금융감독원의 'MZ세대의 특징과 금융산업에의 시사점' 내부 보고서에 따르면 MZ세대의 10.4%인 220만 명은 암호화폐 계좌를 보유하고 있는데, 이는 전체 암호화폐 계좌의 약 45%에 육박한다고 한다.

과거 '리니지'로 대표되는 온라인 게임들이 단순히 현실 도피처로서의 역할을 했다면 암호화폐와 결합된 메타버스라는 공간은 평생직장의 개념이 없고 투잡에 익숙하며 경제적 자유를 미리 얻어 조기 은퇴를 꿈꾸는, 소위 'N포세대'로 불리는 이들에게 도피처임과 동시에 부를 창출할 수 있는 기회로 여겨지고 있다. 전필환 신한은행 디지털부문 부행장은 "쇼핑하듯 주식하고, 게임하듯 적금에 드는 MZ세대의 금융을 이해하지 못하면 전통 은행이 살아남기 힘들다."고 밝힌 바 있다. 우리 전통 기업들도 MZ세대에게 한 걸음 다가가기 위한 노력이 필요한 때이다.

금융의 미래, 디파이

'디파이(DeFi: Decentralized Finance)'는 블록체인 네트워크상에서 스마트 계약과 암호화폐를 이용해 동작하는 탈중앙화된 금융서비스를 일컫는 말로[5] 2017년 메이커다오(MakerDAO) 프로젝트를 통해 본격적으로 알려지기 시작했다.[6]

디파이의 가장 큰 특징은 '투명성'이다. 일반적으로 금융상품 가입 시에 우리가 받아보는 정보는 단순히 만기일, 이자율 등이다. 그러나 디파이에서는 모든 프로그램 코드가 블록체인상에 공개되기 때문에 이자율과 같은 정보뿐만이 아니라 고객들로부터 예치된 자금이 어떤 경로로 흘러가 얼마의 수익을 내고 어떻게

5　디파이와는 반대로 중앙화된 금융서비스를 '씨파이(CeFi: Centralized finance)'라고 한다.

6　이더리움을 담보로 달러에 페깅된 스테이블 코인 '다이(DAI)'를 발행하는 프로젝트이다.

배분되는지 등과 같은 금융 로직까지도 투명하게 공개된다.

디파이의 두 번째 특징은 '프로그래밍이 가능하다'는 것이다. 기존의 금융서비스는 금융거래 시 금융기관이나 중개인의 개입을 필요로 한다. 반면 디파이에서는 사람이나 조직의 개입 없이 스마트 계약, 즉 프로그램 코드가 이를 대신해 자동으로 처리해준다. 더욱이 디파이에서는 다른 사람이 만들어 공개한 프로그램 코드를 가져다가 자신이 만들고자 하는 금융서비스에 접붙이는 것이 가능하다. '머니 레고(money lego)' 시스템이라고도 불리는 이러한 특징은 소규모의 디파이 금융서비스들이 자유롭게 서로 연결되면서 점점 더 거대화되고, 이를 통해 금융서비스 전반으로 영역을 확장해 나갈 수 있게끔 하는 주요 원동력이 된다.

반면 디파이와 같은 신생 금융서비스의 가장 큰 문제는 지속 가능한 '유동성 공급(LP: Liquidity Provision)'이다. 유동성이란 얼마나 쉽게 현금으로 바꿀 수 있는지를 나타내는 개념으로 가치의 손실 없이 다른 상품으로 바꿀 수 있는 안전성의 정도를 나타내는 경제학 용어이다.

예를 들어 금융시장 상황이 불안하거나 은행의 경영 및 건전성 등에 문제가 발생하면 예금자들은 은행에 맡긴 자신의 돈이 없어질 수도 있다는 불안감에 너도 나도 저축한 돈을 인출하게 되고, 결국 은행은 지급할 수 있는 돈이 부족하게 돼 패닉 상태에 빠질 수 있다. 암호화폐 거래소의 경우도 만찬가지다. 거래소에서 보유한 암호화폐의 양이 충분하지 않아 50비트코인밖에 없다면,

100비트코인을 사려고 온 사람은 사고 싶어도 살 수 없게 된다. 거꾸로 100비트코인을 팔고자 할 때에도 거래소 내의 매수 총량이 50비트코인어치밖에 안된다면 팔고 싶어도 팔 수 없게 된다. 이러한 것들을 유동성 부족이라고 한다. 그래서 어느 정도 규모의 자금을 투자하고 싶은 사람들은 자연스레 신생 거래소보다는 어느 정도 업계 경력이 있는 대형 거래소를 찾게 되기에 거래소의 빈익빈 부익부 현상이 가속화되게 된다.

이러한 유동성 공급 문제를 해결하기 위한 수단으로 가장 주목을 받고 있는 것이 '이자농사(Yield Farming)'다. 이자농사는 디파이에 유동성을 제공하고 그 대가로 이자를 취득하는 개념으로 그 돌풍의 중심엔 '컴파운드' 서비스가 있다. 컴파운드를 이용하는 고객은 일정한 양의 토큰을 예치해 두고 이자를 받거나, 다른 암호화폐를 담보로 이더리움을 대출받을 수 있다. 컴파운드는 이자 외에도 자신들의 서비스에 유동성을 공급하는 고객들에게 보상으로 거버넌스 토큰(Governance Token)을 추가로 지급한다. 거버넌스 토큰은 담보비율, 이자율 등 금융 서비스 운영 방식에 대해 의결권을 행사할 수 있는 토큰으로, 이를 시장에 재판매하는 것도 가능하다.

컴파운드에서는 스마트 계약 프로그램이 자동으로 투자자와 대출자를 연결하고, 대출 조건을 집행해 이자를 분배하는 역할을 한다. 특히 이 과정에서 중개인이 배제되므로 예금자들은 수수료 부담 없이 더 높은 수익을 얻을 수 있다. 또한 고객들은 블록체인이 제공하는 투명성 덕분에 사전에 위험을 더 명확하게 인지하는 것이 가능하며 이자율은 자산의 수요와 공급에 따라 자동으로 조정된다.

이자농사 외에 디파이에 유동성을 공급하는 또 다른 주요 수단은 '유니스왑(Uniswap)'과 같은 탈중앙화된 암호화폐 거래소(DEX, Decentralized Exchange)이다. 일반적인 중앙화 거래소들은 '오더북(order book)'을 사용하여 거래가 이루어진다. 오더북은 구매자와 판매자의 모든 매도 및 매수 주문을 기록한 목록으로 매수 금액이 오더북에 올라와 있는 매도 주문의 최저가보다 같거나 높으면 거래가 이루어진다.

그러나 유니스왑에서는 거래 시에 오더북을 이용하지 않는다. 유니스왑은 게임 이론과 인센티브 구조를 활용해서 다수의 개인들이 유동성 풀을 만드는 작업에 자발적으로 참여토록 유도할 수 있는 방법을 고안해 냈는데, 이를 '자동화된 시장 조정자(AMM, Automated Market Maker)' 프로그램이라고 한다. 때문에 AMM을 적용시킨 탈중앙화 거래소들은 호가창 없이 교환 버튼 하나로 간편하게 암호화폐 거래가 이루어진다.

최근 다양한 방식의 탈중앙화된 유동성 공급 기술들이 등장하면서 디파이 시장은 급성장하고 있다. 2021년 9월 기준으로 디파이에 예치된 암호화폐는 1년 새 5.4배로 불어난 959억 달러에 달한다. 게다가 최근 중국에서 암호화폐 규제 수위가 높아지면서 디파이에 대한 관심은 더욱 급증하고 있는 실정이다.

하지만 디파이의 성장과 긍정적인 전망의 이면에는 블록체인의 기술적 한계 및 보안문제, 규제 불확실성 등의 위험요소가 존재하는 것도 사실이다. 실제로 블록체인 미디어 코인긱(CoinGeek)이 발표한 보고서 「2020년의 디파이 해킹(The DeFi hacks of 2020)」에 따르면 2020년에만 17개의 디파이 플랫폼에서 해킹 사고가 일어났고, 스마트 계약 프로그램의 취약점으로 인해 1억 5,400만 달러에 달하는 손실이 발생했다고 한다.

또한 짧은 기간 내에 지나치게 많은 돈이 디파이에 몰리면서 투기 현상까지 나타나고 있다. 이에 대해 이더리움의 창시자인 부테린은 "전통 금융시장에서 누릴 수 있는 이율에 비해 지나치게 높은 디파이의 이율은 본질적으로 단기 재정거래의 기회이자 아직 직면하지 않은 리스크를 갖고 있다."고 경고했다. 엄청난 잠재력을 갖고 있기는 하나 아직 디파이는 초기 단계이다. 투자에 적절한 주의가 필요한 시점이다.

그 밖의 다양한 응용들

앞에서 설명한 내용들 이외에도 블록체인 기술은 다양한 방면으로 응용이 가능하다. 특히 문서 변조의 위험이 높았던 업종에서 적극적으로 사용되고 있다. 몇 가지 예를 알아보도록 하자.

Ⓑ 글로벌 물류 플랫폼 '트레이드렌즈'

'트레이드렌즈(Tradelens)'는 블록체인 기반 글로벌 물류 플랫폼으로 2018년에 서비스를 개시한 이후 현재까지 총 10개 이상의 선사와 175개 이상의 조직이 가입돼 있다. 6백 개 이상의 항만 및 터미널 정보를 공유함으로써, 3천만 TEU[7] 이상의 화물을 실시

7　Twenty-foot Equivalent Units. 길이 20피트(609.6센티미터)의 표준 컨테이너 크기를 나타내는 단위로 컨테이너선의 규모를 측정할 때 사용된다.

간으로 추적하는 것이 가능하다.

기존 물류 시스템의 경우, 선적 컨테이너에 대한 기록이 수기로 작성된 종이 문서 형태로 공유되었기에 실시간 추적이 불가능했으며 운송 과정에서 문제 발생 시 물류 지연에 따른 추가적인 손실이 발생하곤 했다. 특히 물류망의 복잡한 구조로 인해 전체 진행 속도가 저하되기 일쑤였으며 문서 변조의 위험성이 상시 존재했다. 트레이드렌즈에서는 ▲포장 명세서, ▲수출 문서, ▲사전 신고서, ▲원산지 증명서, ▲위험물 신고서, ▲화물별 증명서 등의 정보를 블록체인에 기록함으로써 이러한 문제들을 해결했다.

Ⓑ 다이아몬드 공급망 관리 플랫폼 '오라클'

예전에는 다이아몬드의 출처 및 품질 보장을 위해 종이 문서 형태로 보증서를 발행했다. 그러나 이 경우 보증서의 분실 및 위·변조 가능성이 상존하며, 다이아몬드 유통 단계마다 개입하는 수많은 중개자들로 인해 과도한 시간 및 비용이 소모되는 문제가 있었다. 더욱이 다이아몬드가 분쟁 지역에서 생산된 '블러드 다이아몬드'로 오인될 경우 가치가 떨어지게 되는 문제도 있다.[8]

---

8   블러드 다이아몬드(blood diamond): '피의 다이아몬드'라고도 한다. 전쟁 중인 지역(주로 아프리카)에서 생산된 다이아몬드로 그 수입금이 전쟁 수행을 위한 비용으로 충당되는 것을 지칭한다. 전 세계 다이아몬드의 거래량 중 최대 20%를 차지한다고 알려져 있다.

　'오라클(Oracle)'은 블록체인 기반의 다이아몬드 전자인증서 발급·관리 서비스로 전 세계 120만 개 이상의 다이아몬드 유통 정보를 블록체인에 저장·관리한다. 다이아몬드가 생산되면 오라클은 40가지의 고유 데이터를 측정해 이 정보를 고해상도 사진과 함께 블록체인에 등록한다. 이후 구매자가 다이아몬드를 구매하면 오라클은 블록체인에 구매자 정보를 기록해 주고 추후 이 정보가 보험 정보와 연동될 수 있도록 한다.

1. AI 시대에 발생할 수 있는 부작용은 무엇인가? 또한 이러한 문제들을 해결하는 데 있어 블록체인 기술이 어떻게 활용될 수 있는가?

2. 메타버스란 컴퓨터 기술을 통해 3차원으로 구현된 가상의 공간을 의미한다. 이러한 메타버스 공간에서 암호화폐와 블록체인은 어떻게 활용될 수 있을지 생각해 보자.

3. 금융의 미래라 일컬어지는 디파이란 무엇이며, 어떠한 특징들이 있는가?

안정적 투자가치를 위해
암호화폐에 필요한 요소들

암호화폐 거래소와 사토시의 철학

데이비드 차움이 최초로 전자화폐를 제안한지 26년 후인 2008년, 미국발 금융위기를 겪은 사토시 나카모토는 자연스레 금융기관의 불투명성 및 비대화·권력화에 대해 반감을 갖고 있었으며, 이에 금융기관의 도움 없이도 스스로 동작할 수 있는 블록체인 기반의 탈중앙화된 암호화폐인 비트코인을 발명했다.

길게 보면 300년, 짧게 보면 100년간 세계 각국의 중앙은행들이 독점하고 있던 화폐 발권력을 P2P 통신 및 암호기술을 이용해 개인에게 돌려줬다는 점에서 비트코인의 등장은 가히 혁명적이었다 하겠다. 그러나 시간이 지날수록 암호화폐의 발권력은 고성능 채굴 장비로 무장한 몇몇 소수 기업들에 독점되게 되었고, 보다 더 쉽게 암호화폐를 구하고 싶어 하는 이용자들과 수수료 수익에 관심을 가진 사업자들의 이해가 만나 암호화폐 거래소가 탄생하게 된다.

한국블록체인협회는 특금법 신고를 지원하기 위한 태스크포스팀을 운영 중이다.

또 다른 금융기관이라 할 수 있는 암호화폐 거래소의 존재는 분명 사토시가 추구한 철학과는 정반대되는 것이라 볼 수 있다. 그럼에도 불구하고 거래소가 암호화폐 대중화에 일정 부분 기여해 왔다는 점에서 그 공을 간과할 수만은 없는 것도 사실이다. 하지만 최근 암호화폐 거래소들이 보이고 있는 행태는 그간의 공조차 물거품으로 만들고 있기에 참으로 우려스러운 상황이다.

'특정 금융거래정보의 보고 및 이용 등에 관한 법률(특금법)'의 시행 및 특금법 시행령 개정안 이후 암호화폐 거래소들은 앞 다퉈 알트코인 정리에 나서고 있다. 특금법 및 시행령 개정안은 암호화폐 사업자에게 금융 기관에 준하는 자금 세탁 방지 의무를 부과하고 있으며, 고객 예치금 분리 보관, 정보 보호 관리 체계 (ISMS) 인증 획득 등을 신고 수리 요건으로 하고 있다. 이외에도 거래소는 더 이상 본인과 특수 관계에 있는 자가 발행한 암호화폐를 취급할 수 없으며, 암호화폐 거래소와 임직원이 해당 거래소를 통해 암호화폐를 사고파는 행위(자전거래) 또한 금지된다.

이에 거래소들은 부랴부랴 코인 정리 작업에 들어갔는데, 문제는 이 과정이 전혀 투명하지 않았다는 것이다. 거래 중단을 결정하는 기준이나 거래 유의 종목 지정 후 상장폐지까지 걸리는 기간도 거래소마다 제각각이다 보니 "한국에서 만든 김치코인들만 정리하는 것이 아니냐?", "무차별적으로 코인들을 상장해 수수료를 챙길 때는 언제고 지금 와서 무책임하게 발을 빼느냐?" 등등의 불만이 여기저기서 터져 나왔었다.

사실 암호화폐 거래소의 정보 독점 및 권력화에 대한 우려는 어제 오늘의 일이 아니다. 탈중앙화된 거래소가 대안으로 제시되고는 있으나 아직 보안성 및 유동성 공급의 안정성 측면에 있어 해결해야 할 여러 문제들이 남아있다. 기업이 이윤을 내려고 하는 것을 나무랄 수는 없겠으나 사토시 나카모토의 유산인 암호화폐와 이용자들 사이에서 징검다리 역할을 하고 있는 거래소는 뭔가 달라야 하지 않을까? 소명의식과 사명감은 뒤로한 채 분권화, 투명성 등 사토시 나카모토의 철학을 그저 마케팅 용도로만 활용하는 암호화폐 거래소는 어쩌면 기존의 금융기관들보다 더욱 경계해야 할 대상일지도 모른다. ▲정보공개 등 투자자를 위한 투명성 확보, ▲공정한 기준을 바탕으로 한 자율 검증 실행, ▲엄격한 내부 규칙 제정 등 암호화폐 거래소의 책임 의식이 그 어느 때보다 요구되는 시기이다.

암호화폐 정책이 올바로 수립되려면

과거 암호화폐 광풍이 몰아치던 당시 필자는 다음과 같은 글을 SNS에 올린 적 있다.

"최고의 짜장면 레시피(블록체인 기술)를 가진 사토시 나카모토는 고객을 모으기 위해 쿠폰(비트코인)을 발급했다. 처음에는 쿠폰이 욕심나서 간 손님들이 짜장면의 맛에 감탄해 단골이 되고, 그러다 보니 그 손님은 점점 더 많은 쿠폰을 얻게 되며 중국집도 잘 되는 선순환 구조를 이루게 되었다. 사토시의 중국집이 이른바 '대박'이 나자 다른 음식점들도 자극을 받지 않을 수 없었다. 저마다 자기만의 레시피(더 좋은 블록체인 기술) 개발을 위해 매진했고 이를 팔기 위해 새로운 쿠폰(다른 종류의 암호화폐)을 만들었다. 그런데 갑자기 쿠폰이 엄청난 돈이 된다는 소문이 돌기 시작하면서 사람들은 쿠폰을 사재기하기 시작했다. 이 쿠폰이 어느 중국집

것인지, 또 짜장면 맛이 어떤지는 관심이 없었다. 광기에 빠진 사람들은 짜장면을 사먹고 쿠폰을 모으기보다 쿠폰에 프리미엄을 얹어 사고파는 데만 혈안이 돼있었으며 덩달아 특별한 레시피가 없는 음식점들까지도 쿠폰을 마구 찍어내기 시작했다. 뒤늦게 사태의 심각성을 안 정부가 쿠폰을 규제하겠다고 나서자 좋은 레시피를 보유한 음식점이 아닌 쿠폰 거래소들이 '쿠폰과 짜장면은 불가분의 관계라서 쿠폰을 규제하면 짜장면 레시피 개발이 어렵다'고 토로하고 있다."

지금도 상황은 별반 달라지지 않아서 실제 미국의 한 데이터 수집·분석 업체가 지난 2021년 2월 암호화폐 투자자 750명을 대상으로 조사한 결과에 따르면 33.5%가 '암호화폐 지식이 없거나 초보 수준'이었으며 투자자 중 16.9%만이 '가치를 완전히 이해하고 있다'고 응답했다고 한다.

넘치는 유동성, 디파이 및 NFT의 등장으로 인해 분명 현재의 암호화폐 시장은 지난 광풍 때보다 강한 모멘텀과 펀더멘탈(fundamental, 기초 경제지표)을 갖고 있다. 하지만 그렇다 하더라도 실제 내재가치에 비해 가격 상승 폭이 너무 가파르며, 이에 따른 암호화폐 사기 투자 피해자들이 속출하고 있는 것도 사실이다. 이에 필자는 정부와 관련 산업계에 다음 몇 가지를 주문코자 한다.

우선 암호화폐와 같이 이해 당사자들 간의 입장이 복잡하게 얽혀 있는 사안에 대해서는 모든 현안들을 동시에 고려하는 것이 매우 어려운 바, 우선순위를 정하는 것이 필요하며 이때 최우선 순위는 산업 활성화보다는 이용자 보호가 되어야 할 것이다.

둘째, 답은 항상 시장이 알고 있기 때문에 네거티브 규제 즉, 민간 자율 규제를 기반으로 하는 정책을 펴야 한다. 단, 자율에는 항상 책임이 따르는 만큼 사고 발생 시 강력한 손해배상의 책임을 물을 수 있는 대책도 병행돼야 할 것이다.

셋째, 관련 협회 및 시민단체는 관련 업체의 이익을 무조건 대변하려고만 들지 말고 시장이 자정 능력을 가질 수 있도록 각종 장단점 분석 정보, 외국 동향 정보 등을 객관적이고 전문가적 시선으로 분석해 시민들의 눈높이로 설명하려고 노력해야겠다.

끝으로 정부가 좀 더 적극적으로 나서서 관련 가이드라인을 제시하기를 원한다면, 관련 업계는 정부가 제시하는 것이 다소 엄격하다할지라도 받아들이겠다는 각오를 보여줘야 할 것이다. 즉 마음에 드는 것만 받아들이려는 선택적 수용은 곤란하다. 암호화폐와 블록체인은 분명 화려한 꽃을 피울 수도 있는 씨앗이다. 그러나 그렇다고 해서 그것이 사람들의 눈물을 먹고 자라서는 안 된다. 이용자 보호에 중심을 둔 암호화폐 정책 마련이 시급한 때이다.

암호화폐 및 블록체인 업의 본질

삼성의 고(故) 이건희 회장이 경영진에게 항상 강조했다는 '업
(業)의 본질'이 화두가 된 적이 있다. 지금 하는 일의 본질과 특성
을 정확히 이해하고 그에 맞는 사업의 방향과 전략을 세우라는
것으로 보험업은 사람을 모집하는 것이 중요하고, 증권업은 상담
을 하는 것이 핵심이며, 시계는 패션산업, 백화점은 부동산업, 호
텔은 장치산업, 가전은 조립양산업, 반도체는 양심산업이자 시간
산업이라는 것이다. 이렇게 업의 개념을 파악하고 이를 경영의 근
간으로 삼아 실천해 나갈 때 해당 사업은 비로소 성공할 수 있다.

그렇다면 블록체인의 업의 본질은 무엇일까? 아마도 소수의
기관 또는 사람에게 집중된 관리·통제 권한의 분산, 즉 '탈중앙
화'일 것이다. 사실 이러한 탈중앙화의 개념을 블록체인이 최초로
제안한 것은 아니며 1970년대부터 이미 많은 학자들이 구성원들
간의 합의를 바탕으로 한 다양한 탈중앙화 기술들을 발표해 왔

었다. 이러한 기술들을 일컬어 '안전한 다자간 연산(secure multi-party computation)' 기술이라고 한다.

그러나 기존 탈중앙화 기술의 경우 합의에 참여할 사람들이 선거인 명부처럼 사전에 정해져 있어야 했던 반면, 블록체인의 경우 합의에 참여하는 사람의 수에 제한이 없으며 언제든지 본인의 의사에 따라 자유롭게 합의 과정에 참여하거나 빠지는 것이 가능했다. 이를 '비허가형(permissionless) 합의' 또는 '나카모토 합의'라고 부르며, 이러한 자유로운 참여나 탈퇴에도 불구하고 안정적인 탈중앙화가 이루어지도록 하는 근간에는 바로 비트코인을 통한 인센티브 시스템이 있었다. 이러한 점에 비추어 볼 때 보다 더 정확한 블록체인 업의 본질은 '비허가형 합의에 바탕을 둔 탈중앙화'라고 보아야 할 것이며, 누구나 자유롭게 참여할 수 있기에 항상 '글로벌 비즈니스'를 염두에 두어야 할 것이다. 그렇다면 현재 국내의 블록체인 산업은 이러한 업의 본질을 잘 지키고 있는가? 아쉽게도 그렇지 못한 것이 현실이다.

블록체인의 킬러앱이 될 것으로 기대를 모으고 있는 분산신원증명(DID) 서비스를 비롯해 디지털뉴딜과 관련해 추진 중인 7대 분야(온라인 투표, 기부, 사회복지, 신재생에너지, 금융, 부동산 거래, 우편 행정) 블록체인 사업들, 그리고 부산 블록체인 규제자유특구에서 진행하고 있는 거의 모든 사업들이 '허가형(permissioned) 블록체인'을 기반으로 진행되고 있는데, 여기서 허가를 내주는 주체가 있다는 건 곧 그 네트워크 자체가 일정 부분 중앙화됐다는 것을 의미하므로 진정한 의미의 탈중앙화를 목표로 한다고 보기 어렵다. 또한 군이 블록체인을 쓰지 않더라도 기존 기술을 활용해 충분히 구현이 가능하기에 막대한 세금을 투입해 시급하게 추진해야 할 명분을 찾기도 힘들다.

물론 블록체인마다 용례가 다를 수 있으며, 이용 사례에 따라 탈중앙화 수준을 다르게 설정해야할 수도 있다. 또한 비허가형 합의에 바탕을 둔 탈중앙화 기술을 개발하다는 것은 매우 어려운 일이며, 확장성 및 개인정보 보호에 있어 해결해야 할 문제점들 또한 갖고 있는 것이 사실이다. 그러나 그렇다고 해서 업의 본질을 망각한 채 무늬만 탈중앙화인 흉내내기식 사업들, 목표 달성이 그리 어렵지 않은 고만고만한 난이도의 사업들만이 난무하게 된다면 우리는 계속해서 블록체인의 변방에만 머물게 될 뿐이다. 블록체인 업의 본질에 대한 우리 정부 및 관련 산업계의 진정한 고민이 필요할 때다.

꼭꼭 씹어 생각 정리하기

1. 왜 암호화폐 사기는 근절되지 않는 것일까? 암호화폐 사기를 막으려면 우리는 어떠한 대비를 해야 하는가?

2. 블록체인을 이용한 비즈니스 모델을 만들 때 고려해야 할 것들에는 무엇이 있는가? 국내에서 추진 중인 블록체인 사업들의 문제점은 없는지도 함께 토론해 보자.

3. 특금법 제정으로 인한 좋은 점과 나쁜 점을 생각해 보자.

맺음말

국내 1위 암호화폐 거래소 업비트의 운영사인 두나무에 따르면 2021년 10월 26일 현재 업비트 회원의 연령대는 20대가 31%로 가장 많고, 30대가 29%, 40대가 24%로 그 뒤를 잇고 있다고 합니다. 전체 암호화폐 고객도 늘어 2020년 10월 300만 명이었던 업비트 회원 수는 이제 890만 명에 이르렀으며 성별로는 남성이 57%, 여성이 43% 수준이라고 합니다. 일 최대 이용자 수는 500만 명이었고, 이용자들의 업비트 앱 일평균 체류 시간은 45분 32초였습니다.

높은 청년 실업률과 미래에 대한 불확실성, 그리고 일에 대한 불만족과 폭등하는 집값 등으로 인해 큰 좌절감을 맛본 2030세대가 파이어족(FIRE: Financial Independence Retire Early, 경제적 자립을 이루어 조기에 은퇴한다는 생각을 가진 사람들)을 꿈꾸며 암호화폐에 올인하는 것은 어찌 보면 자연스런 현상이라고도 할 수 있겠습니다.

그러나 투자와 투기는 다릅니다. 당연한 얘기겠지만 주식 투자와 마찬가지로 코인 투자도 공부가 필요합니다. 투자에 있어 정보는 매우 중요한 요소이지만, 더 중요한 것은 그 정보를 해석하고 판단할 수 있는 능력이며, 그러기 위해서는 암호화폐에 대해 공부를 해야 합니다.

물론 이것이 학위 논문을 쓴다거나 새로운 암호화폐를 발명할 정도의 강도 높은 공부를 말하는 것은 아닙니다. 하지만 적어도 유튜버의 현란한(?) 거래 차트 분석이나 남발되는 전문 용어에 현혹되지 않을 정도의 지식, 이론적으로 불가능하다고 입증된 것을 가능하다고 거짓말하는 것을 가려낼 줄 아는 지식, 백서나 투자자 명부에 유명인이나 유명 대기업 이름이 들어갔다고 해서 맹목적으로 쫓아가지 않을 정도의 지식, 자전거래(동일 자산에 대한 매도, 매수 주문을 동시에 반복적으로 진행해 거래량을 인위적으로 높여 자산에 대한 수요를 실제보다 많아 보이게 하는 시장 조작 행위)에 속지 않을 수 있는 지식의 축적은 필요하다는 뜻입니다.

미국의 데이터 수집·분석 업체 카디파이가 2021년 2월 암호화폐 투자자 750명을 대상으로 설문조사한 결과에 따르면 33.5%가 '암호화폐 지식이 없거나 초보(emerging) 수준'이라고 답했으며, 투자자 중 16.9%만이 '가치를 완전히 이해하고 있다'고 응답했다고 합니다. 이를 두고 미국의 경제방송 CNBC는 "많은 투자자가 이익을 놓칠 것이라는 두려움에 행동에 박차를 가하고 있음을 시사한다."고 해석하기도 했습니다. 현재 거래소에서는 많은 코인들이 활발히 거래되고 있지만 당장은 쓸 데가 없거나, 계획은 화려하지만 프로젝트의 성공 여부를 장담할 수 없는 경우도 많습니다.

암호화폐와 블록체인이 분명 화려한 꽃을 피울 수 있는 씨앗이긴 합니다. 하지만 그렇다고 해서 사람들의 눈물을 먹고 자라서는 곤란합니다. 이 책이 암호화폐에 처음 입문하시는 분들께 좋은 길라잡이가 되었기를 희망합니다. 감사합니다.

참고문헌

[1] 김승주, '초등학생도 이해하는 블록체인 (Kid Blockchain)', 네이버 블로그 (2018), https://blog.naver.com/amhoin/221291896225

[2] 김승주, '블록체인 기술의 이해와 활용사례', 유튜브 (2019), https://youtu.be/MDRF4PMWdsg

[3] Satoshi Nakamoto, 「Bitcoin: A Peer-to-Peer Electronic Cash System」, Whitepaper (2008)

[4] David Chaum, 「Blind Signatures for Untraceable Payments」, Advances in Cryptology - Crypto 1982, Springer (1983)

[5] NIST, 「Data Encryption Standard (DES)」, FIPS PUB 46 (1977)

[6] Whitfield Diffie, Martin E. Hellman, 「New Directions in Cryptography」, IEEE Transactions on Information Theory, 22(6) (1976).

[7] Ronald L. Rivest, Adi Shamir, Leonard M. Adleman, 「A Method for Obtaining Digital Signatures and Public-Key Cryptosystems」, Communications of the ACM, 21(2) (1978).

[8] David Chaum, 「Untraceable Electronic Mail, Return Addresses, and Digital Pseudonyms」, Communications of the ACM, 24(2) (1981).

[9] Leslie Lamport, Robert Shostak, Marshall Pease, 「The Byzantine Generals Problem」, ACM Transactions on Programming Languages and Systems, 4(3) (1982).

[10] John R. Douceur, 「The Sybil Attack」, International Workshop on Peer-to-Peer Systems - IPTPS 2002, Springer, LNCS 2429 (2002).

[11] Eric Lombrozo, Johnson Lau, Pieter Wuille, 「Segregated Witness」", BIP141 (2017).

[12] Claus P. Schnorr, 「Efficient Identification and Signatures for Smart Cards」, Advances in Cryptology – Crypto 1989, Springer, LNCS 435 (1989).

[13] Pieter Wuille, Jonas Nick, Anthony Towns, 「Taproot」, BIP341 (2020).

[14] NIST, 「Digital Signature Standard (DSS)」, FIPS PUB 186 (1994).

[15] Don Johnson, Alfred Menezes, 「The Elliptic Curve Digital Signature Algorithm (ECDSA)」, ANSI X9.62 (1999).

[16] Taher ElGamal, 「A Public Key Cryptosystem and a Signature Scheme Based on Discrete Logarithms」, Advances in Cryptology – Crypto 1984, Springer, LNCS 196 (1984).

[17] Gustavus J. Simmons, 「The Subliminal Channels in the U.S. Digital Signature Algorithm (DSA)」, Symposium on State and Progress of Re-

search in Cryptography - SPRC 1993, (1993).

[18] Gustavus J. Simmons, 「Subliminal Communication is Easy Using the DSA」, Advances in Cryptology - Eurocrypt 1993, Springer, LNCS 765 (1993).

[19] Vitalik Buterin, 「Ethereum: A Next-Generation Smart Contract and Decentralized Application Platform」, Whitepaper (2013), https://ethereum.org/en/whitepaper/.

[20] Aggelos Kiayias, Alexander Russell, Bernardo David, Oliynykov, 「Ouroboros: A Provably Secure Proof-of-Stake Blockchain Protocol」, Advances in Cryptology - Crypto 2017, Springer (2017).

[21] Alexandra Boldyreva, Adriana Palacio, Bogdan Warinschi, 「Secure Proxy Signature Schemes for Delegation of Signing Rights」, Journal of Cryptology, 25(1) (2012).

[22] Seungjoo Kim(김승주), Sangjoon Park(박상준), Dongho Won(원동호), 「Proxy Signatures, Revisited」, International Conference on Information and Communications Security - ICICS 1997, Springer, LNCS 1334 (1997).

[23] Nicolas van Saberhagen, 「CryptoNote v 2.0」, (2013). https://cryptonote.org/whitepaper.pdf.

[24] Preston Miller, 「Virtual Currencies and their Relevance to Digital Forensics」, (2017), http://www.marshall.edu/forensics/files/Miller-Spring-Seminar-Talk.pdf.

[25] Ron Rivest, Adi Shamir, Yael Tauman Kalai, 「How to Leak a Secret」, Advances in Cryptology - Asiacrypt 2001, Springer, LNCS 2248 (2001).

[26] David Chaum, Hans van Antwerpen, 「Undeniable Signatures」, Advances in Cryptology - Crypto 1989, Springer, LNCS 435 (1990).

[27] David Chaum, Eugene Van Heyst, 「Group Signatures」, Advances in Cryptology - Eurocrypt 1991, Springer, LNCS 547 (1991).

[28] Seungjoo Kim(김승주), Sungjun Park(박성준), Dongho Won(원동호), 「Zero-Knowledge Nominative Signatures」, International Conference on the Theory and Applications of Cryptology - PragoCrypt 1996, (1996).

[29] Martin Abadi, Mike Burrows, Mark Manasse, Ted Wobber, 「Moderately Hard, Memory-Bound Functions」, ACM Transactions on Internet Technology, 5(2) (2005).

[30] "Steem: An Incentivized, Blockchain-Based, Public Content Platform",

(2017), https://steem.com.

[31] Evan Duffield, Daniel Diaz, 「Dash: A Payments-Focused Cryptocurrency」, https://github.com/dashpay/dash/wiki/Whitepaper.

[32] Eli Ben-Sasson, Alessandro Chiesa, Christina Garman, Matthew Green, Ian Miers, Eran Tromer, Madars Virza, 「Zerocash: Decentralized Anonymous Payments from Bitcoin」, IEEE Symposium on Security and Privacy 2014, (2014).

[33] Serguei Popov, "The Tangle", (2018), https://www.iota.org.

[34] David Schwartz, Noah Youngs, Arthur Britto, "The Ripple Protocol Consensus Algorithm", (2018), https://ripple.com.

[35] David Mazieres, "The Stellar Consensus Protocol: A Federated Model for Internet-Level Consensus", (2016), https://www.stellar.org.

[36] Ian Grigg, "EOS: An Introduction", https://www.iang.org.

[37] Silvio Micali, 「Algorand: The Efficient Public Ledger」, (2016), https://arxiv.org/abs/1607.01341v1.

[38] Jing Chen, Silvio Micali, 「Algorand」, (2017), https://arxiv.org/abs/1607.01341.

[39] 「D.tube: A New Model Where Users Vote on Videos to Reward All Contributors」, (2019), https://token.d.tube/whitepaper.pdf.

[40] Adem Efe Gencer, Soumya Basu, Ittay Eyal, Robbert van Renesse, Emin GSirer, 「Decentralization in Bitcoin and Ethereum Networks」, International Conference on Financial Cryptography and Data Security - FC 2018, Springer, LNCS 10957 (2018).

[41] Ittay Eyal, Emin GSirer, 「Majority is not Enough: Bitcoin Mining is Vulnerable」, Communications of the ACM, 61(7) (2018).

[42] Joseph Poon, Thaddeus Dryja, 「The Bitcoin Lightning Network: Scalable Off-Chain Instant Payments」, (2016), https://lightning.network/lightning-network-paper.pdf.

[43] Joseph Poon, Vitalik Buterin, 「Plasma: Scalable Autonomous Smart Contracts", (2017), https://plasma.io/.

[44] Roman Matzutt, Jens Hiller, Martin Henze, Jan Henrik Ziegeldorf, Dirk M Oliver Hohlfeld, Klaus Wehrle, 「A Quantitative Analysis of the Impact of Arbitrary Blockchain Content on Bitcoin」, International Conference on Financial Cryptography and Data Security - FC 2018, Springer, LNCS 10957 (2018).

[45] Peter W. Shor, 「Algorithms for Quantum Computation: Discrete Logarithms and Factoring」, IEEE Symposium on Foundations of Computer Science - FOCS 1994, (1994).

[46] Lov K. Grover, 「A Fast Quantum Mechanical Algorithm for Database Search」, ACM Symposium on Theory of Computing - STOC 1996, (1996).

[47] Shafi Goldwasser, Silvio Micali, Charles Rackoff, 「The Knowledge Complexity of Interactive Proof-Systems」, ACM Symposium on Theory of Computing - STOC 1985, (1985).

[48] Nir Bitansky, Ran Canetti, Alessandro Chiesa, Eran Tromer, 「From Extractable Collision Resistance to Succinct Non-Interactive Arguments of Knowledge, and Back Again」, Innovations in Theoretical Computer Science Conference - ITCS 2012, (2012).

[49] Xinyun Chen, Chang Liu, Bo Li, Kimberly Lu, Dawn Song, 「Targeted Backdoor Attacks on Deep Learning Systems Using Data Poisoning」, (2017), https://arxiv.org/abs/1712.05526.

[50] Robert Leshner, Geoffrey Hayes, 「Compound:Money Market Protocol」, (2019). https://compound.finance/documents/Compound.Whitepaper.pdf.

[51] Hayden Adams, Noah Zinsmeister, Dan Robinson, 「Uniswap v2 Core」, (2020), https://uniswap.org/whitepaper.pdf.